酷MA萌与我

〔日〕蒲岛郁夫 著
曹逸冰 译

南海出版公司

新经典文化股份有限公司
www.readinglife.com
出 品

目录

前言 / 1

第 1 章 熊本的营业部长酷 MA 萌起初是"临时职员"

在天皇与皇后面前表演酷 MA 萌体操 / 7

酷 MA 萌原本是"赠品" / 8

过而不入?九州新干线全线开通引发的强烈危机感 / 11

初代酷 MA 萌吓着了孩子们 / 13

酷 MA 萌成了熊本县厅的临时职员 / 17

故意没有宣传熊本,而是宣传了大阪——关西战略 / 18

"在大阪发一万张名片"的任务 / 21

"请大家帮忙找酷 MA 萌"——一线职员的提案催生出的假记者招待会 / 22

和酷 MA 萌一起在吉本新喜剧中栽跟头 / 25

大阪战略带来了"同比增长 54%"的成果 / 30

以"乐市乐座"策略推广酷 MA 萌 / 31

缘何以网上宣传为主?因为没钱 / 33

副知事日记 ①
突然参选,学生们一片哗然 / 37

第2章 冲出日本，走向世界

任命酷MA萌为营业部长的三个原因 / 41

酷MA萌热潮席卷全国 / 45

"人气吉祥物"带来了1244亿日元的经济效应 / 47

全日本最忙的熊本品牌推进课 / 49

别分析"做不到"的理由，去寻找"做得到"的方法 / 51

和酷MA萌共事过的职员们在其他部门也掀起了变革 / 53

甩掉"官僚做派"，挑战新思路 / 56

同时发动"空战"与"陆战"，进军世界 / 58

巴卡拉、宝马……和一流品牌开展合作 / 60

备受东大学生喜爱的酷MA萌 / 61

为什么酷MA萌能俘虏各国人民的心 / 64

酷MA萌在哈佛大学粉墨登场的那一天 / 67

县厅绝不能成为"壁垒" / 71

"腮红丢失事件"成了热点话题 / 72

"摔盘子"——不断挑战的日子 / 74

打造百年吉祥物 / 76

副知事日记②

又当阿助又当阿格 / 79

第3章 我们的口号是，"摔盘子"

我成为熊本县知事的那一天 / 83
给部下的指示就是"摔盘子" / 86
"决断政治"的第一步 / 88
砍掉100万日元的工资 / 90
怀着梦想，用乐观的态度重建财政 / 92
代入"自掏腰包"的视角，特意买二手货 / 96
挑战"全球重要农业文化遗产" / 98
我为何大胆宣言"在半年内就川边川水坝问题做出决断" / 102
倾听居民的心声 / 106
痛感"高层的决断"有多难 / 108
宣布"收回成命" / 109
新的起点 / 111
就荒濑水坝问题做出痛苦的抉择 / 112
收回成命需要巨大勇气，但能收回成命的只有领导自己 / 114

副知事日记③
大学时代的阿蒲老师 / 117

第 4 章　领导的工作技巧

凌晨三点半起床 / 121

领导需要的是对自己下狠心的坚定信念 / 122

贯彻"蒲岛三原则" / 123

只要还有"让我做"的念头，就不会发挥出主观能动性 / 125

部下的干劲——"事事平等"就没了紧张感 / 126

人脉不是"构筑"出来的 / 130

人情面子要尊重，但不能被它牵着鼻子走 / 132

领导一旦表现出"负责"的姿态，组织就会产生变化 / 133

精神层面的自由 / 136

领导的要务之一，就是为部下创造舒心的环境 / 138

不能白白"摔倒"，抓住石子站起来 / 139

副知事日记④

蒲岛式魔法，渗透进了县厅的角角落落 / 143

第 5 章　梦想就在逆境中

我出生在一个贫穷的家庭 / 147

吊车尾也能做美梦 / 149

"在历史上留下活过的印记" / 151

人生第一次受挫：找了一份不适合自己的工作 / 152

成为农协的职员,却对这份工作产生了疑问 / 154
决意赴美 / 155
没想到牧场的工作会如此辛苦 / 157
从"农业培训生"到"美国的大学生" / 158
准备成这样就没问题了——做好 120% 的准备 / 160
进入哈佛大学研究生院 / 163
在没人举手的时候毛遂自荐"我来做" / 165
成为筑波大学的讲师 / 167
我是个"不教学生"的东大教授 / 169
不顾周围人的反对,毅然参选 / 172
必须在选举中大获全胜 / 174
以"人海战术"致胜 / 175
做梦是"穷人"的特权 / 177

副知事日记⑤
"超越期望" / 179

第 6 章 为熊本县民谋幸福是我的使命

"县民幸福总值最大化"的方程式 / 183
酷 MA 萌就是使幸福总值最大化的催化剂 / 184
寻找第二个酷 MA 萌 / 187
如何提升县民的幸福值 / 189

保护文化与历史,也是为了让县民更幸福 / 191
让人们重新认识到工作的乐趣 / 193
为满足基层的强烈要求,大胆挑战难题 / 197
处理水俣病问题 / 200
是追求全社会的幸福,还是追求个人的幸福 / 203

副知事日记⑥
维持精神层面的自由 / 207

前言

我和酷 MA 萌已经打了四年多的交道。

我们在熊本县掀起了一场"酷 MA 萌革命"。想必各位读者也能隐约察觉到,酷 MA 萌已经逐渐超越了"吉祥物"的范畴。

"酷 MA 萌不是普通的小萌物?"

那它究竟是何方神圣呢?

众所周知,酷 MA 萌是正儿八经的熊本县公务员。

它是从"临时职员"做起的,在短短的一年后,就一跃成为了熊本县的"营业部长",而我就成了它的上司。

我也知道大家对"公务员"的印象着实不太好。准点上班,准点下班,重视"先例",领导让做什么,就按部就班地做什么……"官僚作风"更是一个不折不扣的贬义词。

不过各位看完这本书后,定能对公务员大为改观。

因为熊本县厅的职员们会主动开拓业务,提出方案,并加以实践。我甚至敢说,熊本县厅很有可能是目前全日本最具活力的职场。

为什么熊本县厅能够改头换面呢?

自上任的第一天起,我始终把一个概念挂在嘴边,那就是本书的关键词——"摔盘子"。

要是你什么都不做,盘子肯定不会碎。但我们还是要尽可能洗更多的盘子,即便在洗盘子的过程中摔碎了几个也在所不惜——换言之,"摔盘子"这三个字正代表了不断挑战,不畏风险的精神。这也是我反复向熊本县的职员们强调的概念。

酷MA萌就是一个象征"摔盘子"精神的具体事例。

正因为我们在熊本县厅夯实了"不断挑战,不畏风险"的土壤,职员们才能接连提出大胆的创意,而我也能通过与酷MA萌有关的各项政策,不懈挑战。

当然,我们的尝试不仅限于酷MA萌。熊本县厅在洗的"盘子"何其多。

我是熊本县的知事①,也是县厅的大领导,但我绝不是那种强势的独裁者。恰恰相反,我也许是一个看上去很不靠谱的领导,会让周围人产生"我得去帮他一把"的念头。

曾几何时,进行军事化管理,动不动就呵斥部下的"斯巴达式领导"才是人们心目中的好领导。

但是这种领导方法已经逐渐退出了历史舞台,职场人心目中的理想领导也和以前大不相同了。在我看来,现代领导的职责之一,就是创造出能让部下发挥主观能动性的环境。

---

① 相当于中国的省长(译注,下同)。

我想通过本书告诉大家：巨大的变革与富有挑战精神的集体，就是在这样的环境下孕育出来的。

　　我的个人经历比较独特，在成为熊本县知事之前，我是东京大学的教授。小野泰辅副知事是我在东大教书时的学生，现在他成了我的左膀右臂之一。本书的专栏就是出自他之手。大家应该能够通过他的描写，走近更真实的"蒲岛郁夫"。

2014 年 2 月 蒲岛郁夫

第 1 章
熊本的营业部长
酷 MA 萌起初是
"临时职员"

我叫酷MA萌,是熊本县的**营业部长兼幸福部长萌**。

其实呀,我是日本第一位吉祥物公务员哦!

总有人不相信,可我真的是熊本县的公务员萌。

我的工作是发现身边的惊喜和幸福,分享给世界各地的人。

我是空中飞熊,每天都要去不同的地方宣传熊本萌。

我的上司就是蒲岛知事,人称"阿蒲"。

我也会在书里不时露个脸哒,请多关照哟☆

在天皇与皇后面前表演酷MA萌体操

2013年10月,惊喜席卷了熊本县厅。

来熊本县访问的天皇陛下与皇后陛下亲临熊本县厅,还参观了在县厅的大堂举办的"酷MA萌展"。我们用丰富多彩的照片展板和周边产品介绍了酷MA萌的丰功伟绩。陛下夫妇饶有兴致地观赏了展品。

不仅如此——酷MA萌还在陛下面前表演了"酷MA萌体操"!

我就站在陛下旁边看着酷MA萌,着实为它捏了一把汗。好在酷MA萌干劲十足,时而蹦蹦跳跳,时而挥动四肢,每个动作都特别到位,在关键场合一点儿都没有掉链子。真不愧是我们熊本的骄傲!

表演结束后,酷MA萌告诉我说:"我从没那么紧张过萌!"看来它的压力也不小呢。

听说陛下夫妇一直很期待能与酷MA萌见面。

表演结束后还有一段小插曲呢。皇后陛下问道:"酷MA萌是只由一个人扮演的吗?"慌得酷MA萌不知所措。

那日的光景,让我感慨万千。

细细想来,我跟酷MA萌已经打了四年多的交道了。

2010年2月,我在新干线元年委员长的报告会上第一次见到了酷MA萌。"新干线元年委员会"是与2011年3月12日开通的九州新干线同步成立的组织,旨在集广大民众之力,打造富有特色的铁路沿线文化。

为了制定出更行之有效的战略,我们特意请到了剧作家小山薰堂先生担任"新干线元年事业顾问"。小山先生的老家就在熊本县的天草地区,听说自己能为故乡出一份力,他二话没说,一口答应下来。

小山先生提出的宣传语是"熊本惊喜"。

这四个字背后的含义是,由熊本县民去发现日常生活中的"惊喜",并向全国各地的人们宣传熊本县的魅力。要是熊本人都不爱熊本,其他人就更不可能喜欢上熊本了。所以熊本县民要带头挖掘家乡的魅力,热爱熊本,享受熊本——听完小山先生的解释,我和县厅的职员们都激动极了。我心想:"这就是我们想要的!"

酷MA萌原本是"赠品"

当时,小山先生请他的设计师好友水野学先生设计了一款

"熊本惊喜"专用的标识。我完全想象不出水野先生的作品会是什么样子,心中充满了期待。

这个标识在报告会上首次与我们见面。它的形状是一个被火之国熊本的热情融化了的惊叹号"!"。一看到这个标识,我就爱上了它,因为它完美诠释了"惊喜"二字。

然后啊,这个惊叹号旁边,还画着一个吉祥物。

那是一只黑熊。它有着圆滚滚的眼睛和鲜红的小脸蛋,一脸的傻笑。

"这是水野先生设计的吉祥物,算是标识的赠品吧。"

小山先生如此说道。听到这话,在座的委员和职员们都懵了——"啊?赠品?"

有人问了一句:"这是熊吗?"

小山先生回答:"对,它还有名字哦,叫'熊本者(くまもともん)',简称酷MA萌。"

这就是我和酷MA萌的"邂逅"。

当时酷MA萌给我留下的印象不过是一只"挺可爱的熊"。

实不相瞒,我并没有对酷MA萌一见钟情。这话要是被酷MA萌听到了,它大概会有点受伤吧,无奈我当时把注意力都放在了主角,也就是那个惊叹号上。

小山先生在会上提议,要是有个吉祥物,举办和新干线有关的活动时就会比较方便了。委员与职员们纷纷点头。

"是哦,这话没错……"我也很赞成这个点子,于是酷MA

萌就被我们"录用"了。

可我们没打算一直把酷MA萌用下去,只想在搞活动的时候用它活跃一下气氛。我们做梦也没有想到,它有朝一日会在天皇夫妇面前跳舞。

区区"赠品",竟成了万众瞩目的"主角"。从这个角度看,也许酷MA萌才是最大的"熊本惊喜"呢。

摔盘子。

就任熊本县的知事之后,我一有机会便会向县厅的职员们强调这三个字。

提出这个概念的人是一手创造了"韩国长城郡奇迹"的长城郡郡守金兴植。日本Aflac(美国家庭人寿保险公司)的创始人大竹美喜先生是我的好朋友,就是他让我了解到了这个概念。

"摔盘子"是什么意思呢?"盘子洗得多的人,必然会摔碎比普通人更多的盘子。我们不能畏惧失败,而要勇于挑战。"

"要是你什么都不做,盘子肯定不会碎。但我们还是要尽可能洗更多的盘子,即便在洗盘子的过程中摔碎了几个也在所不惜。"

我希望每一位职员都能这样的精神。摔碎的盘子越多,就说明你挑战的次数越多。

举县厅之力宣传吉祥物,掀起一场"酷MA萌革命",也是一场前所未有的挑战。

过而不入?九州新干线全线开通引发的强烈危机感

2011年3月11日。

对所有日本人而言,这都是一个毕生难忘的日子。东北地区发生了一场规模空前的大地震,深深的悲痛笼罩了全日本。

就在地震发生的第二天,也就是3月12日,熊本站举行了一场非常低调的活动。

那一天恰好是九州新干线全线开通的日子。酷MA萌本该在活动中闪亮登场——毕竟它就是为了这一系列活动诞生的啊。无奈前一天刚发生了大地震,大搞庆典活动实在不合时宜,所以我们不得不缩小活动的规模,取消了酷MA萌登场的环节。

九州新干线是一条高速铁路,从新大阪站到鹿儿岛中央站最快仅需三小时四十五分钟。人们对这条线路的期望很高,因为开通之后,定会有更多人来到九州游览观光,促进九州地区的发展。

然而,我们熊本县产生了强烈的危机感:乘客们会不会坐着新干线从熊本县中间穿过,却不下车走走看看啊?

危机感是怎么来的呢?原来当时大阪的报纸用的标题都是这样的:"从新大阪到鹿儿岛!3月12日开通""从大阪到鹿儿岛不到四小时"……压根就没提到"熊本"。

在九州地区,熊本县被一群强敌团团围住。

九州的入口博多(福冈县)是日本首屈一指的美食圣地,

那里的拉面和明太子倍受欢迎。而鹿儿岛是新干线的终点，有着得天独厚的优势。不难想象，大量的人流会涌向鹿儿岛县。

熊本的隔壁是宫崎县。时任宫崎县知事的东国原英夫在宣传方面狠下工夫，显著提升了人们对宫崎的关注度。

到了2022年，九州新干线的长崎路段（长崎新干线）也会开通。而长崎本就是远近闻名的观光胜地。

所以我和县厅的职员们都意识到，我们绝不能坐以待毙，否则熊本县就没有出头之日了。

最可怕的是，大多数熊本人都不觉得新干线的开通能为熊本带来多少效益。这也进一步加剧了我们的危机感。

在新干线开通之前，财团法人地域流通研究所就"新干线对本地经济的影响"进行了一项问卷调查。回答"新干线会带来积极影响"的熊本县民仅为37.4%，比福冈的41.7%和鹿儿岛的50.5%低了一大截。

而回答"新干线会带来负面影响"的熊本县民高达17%，远高于福冈的1.9%和鹿儿岛的7.8%。

由此可见，熊本人已经有点对熊本"心灰意冷"的苗头了。这项调查结果让我大受打击。

九州新干线的开通，本该是引爆地区经济发展的大好机会。

可熊本人自己都不上心，县外的人怎么可能会对熊本产生兴趣呢？在这种状态下，就算县厅拼命宣传熊本的特产和景点，县外的人也不会觉得熊本是个有吸引力的地方。

我强烈地感觉到，熊本人的心不齐，这事儿就没法办了！

于是熊本县厅就推出了一项名为"关西战略"的举措，作为新干线元年事业的一个环节。那么，为什么这项举措会被命名为"关西战略"，而不是"九州战略"呢？

因为九州新干线的始发站之一是"新大阪"。换言之，这是一个让关西人来熊本的好机会。

我们决定，让"熊本惊喜"宣传大使酷MA萌去关西出差，为熊本县的宣传工作尽一份力。

"熊本县已经命悬一线了！"要是没有如此强烈的危机感，我和职员们一定不会想方设法去扭转局面。

而酷MA萌就是降临在熊本的救世主，为县厅和熊本人带来了无穷的力量。酷MA萌问世之后，熊本人的心是越来越齐了。因为大家都非常喜爱酷MA萌，并以它为载体，重新爱上了熊本这片土地。

一个小小的吉祥物，激活了整个熊本县。这就是酷MA萌带给我们的奇迹！

初代酷MA萌吓着了孩子们

看到酷MA萌的设计稿之后，熊本县厅的职员立刻去定制了一个毛绒皮套。

不过这个"初代酷MA萌"并不是现在大家所看到的酷MA萌。据说酷MA萌的铁杆粉丝将它戏称为"酷MA萌雏形"或"初号机"。

初代酷MA萌也是一身黑,也有圆滚滚的眼睛和红扑扑的脸颊,但它的身材比较"苗条",头重脚轻,看上去很不协调。当然,我能看出这个皮套的确是根据设计稿制作的,但它实在是不够可爱,会给人留下"不靠谱"和"寒酸"的印象。

在2010年春天,也就是九州新干线全线开通的一年前,初代酷MA萌第一次出现在了公众面前。

当时它参加的是一场名为"熊本惊喜在熊本"的活动。这场活动也是熊本县新干线元年宣传活动的起点,职员们自然是卯足了劲。

第一个穿上酷MA萌皮套的人,是从财务省调来的县厅部长。

我也能看出他尽力了,只是他毕竟不是专业的演员,所以没能完完全全进入角色。跟着伴奏音乐跳舞时,动作也有些僵硬,看得我提心吊胆。

酷MA萌一会儿跟孩子们挥个手,一会儿卖个萌,可是它一靠近孩子,就会把人家吓跑。

我跟职员们立刻意识到:"咦,这个酷MA萌好像有点问题……"酷MA萌的设计稿很简单,这就导致我们很难把它"立体化"。嘴巴和眼睛的形状、大小稍有出入,你就会觉得"那不是酷MA萌"。

我听说第一代米老鼠的形象也不是很可爱。它也是经过了若干次"进化",才成了今天这个可爱的模样。

我们的酷MA萌也会进化。

换做普通的县厅职员,他可能会觉得"只要搞定这一系列宣传活动就够了"。而且在那个时候,酷MA萌的定位依然是仅仅用于宣传活动的临时性吉祥物。反正皮套的钱已经花出去了,等新干线一开通,这个吉祥物就能退休了,咬咬牙,继续用这个皮套,也不会有人说三道四。久而久之,酷MA萌就会被视作"失败的项目",逐渐淡出人们的记忆。

但熊本县厅的职员并没有放弃。他们毫不犹豫地向我提议:"知事,我们心目中的酷MA萌不是这样的!我们想和真正的酷MA萌一起工作!"

职员们由衷地希望酷MA萌能够"进化"。水野先生的设计稿真的很棒,而我们的职员也已经对酷MA萌产生了深厚的感情。

我跟大家想到一块儿去了。

进化后的酷MA萌胖嘟嘟的,特别可爱。那就是大家所熟悉的酷MA萌。

改变了酷MA萌的并不是我们。见我们急得跟无头苍蝇一样,真正的酷MA萌就跳了出来,一声大喊:"我在这里萌!"我们想见一见真正的酷MA萌!而酷MA萌听到了职员们的心声。

所以啊，现在的酷MA萌已经不是穿着皮套的人了，而是名叫"酷MA萌"的生物。

我一看到脱胎换骨的酷MA萌就有了信心："孩子们一定会爱上它的！"

同年夏天。

为了大力推进以酷MA萌为中心的宣传活动，"酷MA萌小分队"正式成立。在活动现场见过酷MA萌的朋友们肯定都知道，酷MA萌小分队就是一群穿着黄色"法被"①的大哥哥和大姐姐。他们的任务是主持活动，并为酷MA萌伴舞。

酷MA萌小分队的壮行会是在熊本市动物园举行的，我们邀请了很多小朋友来当观众。这也是酷MA萌第一次登台表演"酷MA萌体操"。

新版酷MA萌光是挥挥手就很可爱了。一眨眼的工夫，它就牢牢抓住了孩子们的心。而且酷MA萌的舞姿也有了质的飞跃，孩子们都笑容满面地模仿它的动作呢。

这场活动为新版酷MA萌的宣传开了一个好头。

自不用说，一切都得归功于熊本县厅的职员们。他们没有放弃，也没有拿"时间紧张"和"工作忙"做借口。他们没有敷衍了事，而是想方设法让酷MA萌更上一层楼。这正是"摔盘子精神"的绝佳体现。

---

①常在节庆场合穿的日本传统服装。

这次成功也大大激励了我们的职员。打那以后,酷MA萌便是一路高歌,越战越勇!

酷MA萌成了熊本县厅的临时职员

"酷MA萌不是为宣传熊本县创造出来的吉祥物,而是在熊本县厅上班的公务员!"

我每次这么一解释,总有人会说:"哦,这就是酷MA萌的'设定'吧。"

为了帮助失业者重回岗位,让地方城市的求职者找到长期稳定的工作,厚生劳动省推出了一系列的就业政策。这就是所谓的"创造就业机会紧急事业"。

我们熊本县厅就巧妙利用了这项政策的预算,在2010年将酷MA萌聘请为县厅的临时职员。毕竟酷MA萌在为熊本挥洒热血,走正式的程序聘用它,也是理所当然的。

2008年,金融危机席卷了全世界,日本也出现了大量的失业人员。熊本也不例外,众多企业因经济不景气不幸破产。

厚生劳动省的政策旨在为劳动者创造就业机会,进而拉动经济。因此对我们熊本县来说,为县民们创造一个能全身心投入工作的环境,也是当时的头等要务之一。

在这个关键时刻聘用酷MA萌,正体现了县厅解决就业问题的决心,所以此举意义非凡。

把"本地吉祥物"聘为政府部门的职员——这恐怕是全日本的第一例。

巧就巧在当时我们正好有这样一笔预算,为酷MA萌的上任创造了绝佳的条件。不过我也觉得,提出这种没有前例可循的点子,改变"墨守成规"的风气,才是"摔盘子"精神的绝佳体现。

今时今日,酷MA萌已经成了我们县厅最能赚钱的顶梁柱了。

把酷MA萌聘为熊本县厅的临时员工真是个明智的决定。

故意没有宣传熊本,而是宣传了大阪——关西战略

为了让更多的游客搭乘九州新干线来到熊本,我们将目标锁定在了大阪,开展了一系列的宣传活动。"关西战略"就此拉开帷幕。

我们的职员认为,成功的第一步,就是"让大家认识酷MA萌"。

一开始先不要大张旗鼓地宣传熊本,而是让酷MA萌在关西多多曝光,让关西人先爱上它。

酷MA萌的设计非常独特。它虽然是熊本县的吉祥物,可是乍看之下,它身上并没有多少"熊本味"。一般情况下,"本

地吉祥物"都会和当地的特产沾点边,但酷MA萌和熊本的特产毫无关系,而且熊本县压根就没有熊。不过即便如此,"在不强调熊本的前提下,先在关西捧红酷MA萌"也算得上是非常大胆的策略了。

小山薰堂先生来到熊本的时候说过这样一段话:"与其自卖自夸,不如让邻居帮忙做宣传,这样还更有说服力呢。要是你们能和其他县结成对子,相互宣传,那应该会挺有意思的。"

要是让酷MA萌到处宣传熊本,那么大家一定会把它看成"用来宣传的吉祥物"。到时候,酷MA萌的魅力就会大打折扣。然而,要是大阪人对酷MA萌产生了兴趣,纷纷对周围的人说"熊本好像是个挺有意思的地方",那宣传效果就相当理想了。

那我们要如何让大阪人对酷MA萌产生兴趣呢?

我们设定了三个大方向:

1. 做一些让关西人眼前一亮的趣事,人们自然而然会注意到酷MA萌。
2. 在关西人都能看到的地方下血本。
3. 巧做乘法,利用协同效应,扩大影响力。

我们所实践的关西战略,都建立在这三个大方向上。

2010年9月,酷MA萌端坐在大阪市中央公会堂前的照片被传上了酷MA萌的官方博客。"酷MA萌神出鬼没大作战"就此启动。

酷MA萌就这么在大阪正式出道了。大阪人对"笑料"的要求很高,酷MA萌一开始也找不到感觉。来到大阪的第一天,酷MA萌就跟一只迷了路的小熊似的,在街头巷尾到处乱转。

好在酷MA萌很快就习惯了大阪的气氛,一会儿去商店街吃个大阪特产章鱼小丸子,一会儿跑去相声剧场门口帮着招揽观众,结果被正牌的揽客小哥教训了一顿……大阪人天性直爽,特别喜欢"有趣的东西",一看到酷MA萌笨头笨脑的模样,他们便会说:"你在干啥呢,应该这样……"连捧哏和逗哏的方法都手把手教给了酷MA萌呢。这段经历也为酷MA萌积累了宝贵的经验。

在酷MA萌登陆大阪的同时,我们开设了酷MA萌官方博客,介绍它参加的各类活动,还开设了酷MA萌亲自管理的Twitter。

酷MA萌会在Twitter上给出些许小提示,帮助大家猜出它接下来会出现在什么地方。如此一来,当地人就能猜出个大概,来到现场和酷MA萌见面了。

一个东西越有神秘感,就越是能勾起人的好奇心。酷MA萌神出鬼没久了,大阪人便注意到了它:"那头熊是什么玩意儿?"渐渐地,大家就记住了酷MA萌。

酷MA萌参加了一些在大阪举行的活动,也去熊本县的展示区露过脸,但它去得更多的是人流量大的公共场所,和当地人亲密接触。它没有大力宣传熊本,而是宣传起了大阪的旅游景点和特产。这样的吉祥物非常罕见。

其实酷 MA 萌在大阪做的这些事,就是小山薰堂先生所说的"帮邻居宣传"。源源不断的游客,就是这一系列举措带来的成果。

"在大阪发一万张名片"的任务

神出鬼没的酷 MA 萌在大阪引起了人们的关注。一个月后的 2010 年 10 月 1 日,我将酷 MA 萌召回了熊本。

我为它准备了一个"惊喜"。

县厅召集了熊本当地的记者,开了场记者招待会。我当着大家的面,告诉酷 MA 萌:"酷 MA 萌,我任命你为'熊本惊喜特命全权大使'!"

酷 MA 萌也没料到会有这出,大吃一惊。我继续说道:"请你去大阪出一趟公差,发放一万张名片,全力宣传熊本的魅力!"

要让别人记住你的名字,最简便易行的方法就是递上自己的名片。不过为吉祥物印名片,也许真是一件前无古人的事呢。

自不用说,我们在酷 MA 萌的名片上动足了脑筋。

名片正面写着"酷 MA 萌",背面画着酷 MA 萌的肖像,还配了一句话。这句话总共有三十二个版本:

"怕您记不住我的名字,所以就印了名片。"

"鼓足了劲,肚子也是鼓鼓哒。"

"大家一开始都会凑过来看热闹的呢。"

"等哪天有了山寨酷 MA 萌,那就说明我成了大腕。"

品种如此丰富,集齐一套的时候一定会很有成就感。

这项任务非常艰巨,但是当家长的,就该狠下心来让孩子出去历练历练嘛。当酷 MA 萌完成任务时,它的能力一定会有质的飞跃。

光发名片还不够——我们还设置了一个小小的游戏环节。

"请大家帮忙找酷 MA 萌"——一线职员的提案催生出的假记者招待会

2010 年 11 月 1 日,我召开了一场紧急记者招待会。

我一脸凝重地对在座的记者们说道:"去大阪出差的酷 MA 萌同志已经失联整整一星期了。它上周末参加了一场活动,打那以后我们就再也没联系上它……"

记者立刻发问:"您说酷 MA 萌是去'出差'了,那它此行的目的是……"

"它是带着任务去的。我们要求它尽可能多和大阪人交流,要发完一万张名片才能回来。"说到这儿,我掏出一块写有酷 MA 萌 Twitter 的纸板,向人们呼吁,"酷 MA 萌应该还在大阪。

如果大家看见了它,请一定通过 Twitter 向我们提供线索!"

我还请大家在看到酷 MA 萌的时候问它要一张名片,再鼓励它一下。

实不相瞒,这场记者招待会是我们演出来的。我们把招待会的录像传上了 YouTube。

酷 MA 萌的官博和 Twitter 吸引到了越来越多的粉丝。为了向粉丝们提供最新鲜的话题,我们设计了这场有趣的活动——"大家一起找酷 MA 萌!",并请大家在 Twitter 上提供线索。

这场活动是有剧本的:大阪是极富盛名的美食之都。酷 MA 萌肩负着发名片的任务来到大阪,却被美食迷得团团转,还和县厅失去了联系。在大家的鼓励下,它终于想起了自己的任务,发完了一万张名片。招待会的视频还在网上呢,有兴趣的读者不妨找来瞧瞧。

堂堂知事,居然开了一场假的记者招待会。这可是史无前例的大事件。

政府部门的职责可以总结为"指导、规定和管理"。政府绝不能犯错,撒谎就更不行了。

"熊本县知事竟敢散布谣言!"也许我的所作所为会招致舆论的批判。

其实啊,这个点子就是县厅的职员想出来的。

"宣传熊本县的魅力"是他们的工作。但他们设计这场活动,不仅仅是为了完成任务。他们是打从心底里希望大家都能爱上酷MA萌,都能多了解酷MA萌一些。

县厅的职员们热爱熊本,也热爱自己的工作。正因为他们有这份爱,才能策划出这样的活动来。

要不然,他们怎么可能要求知事"演戏"呢?我也感觉到了职员们的一片热忱,倍感欣慰。

"决不成为职员的壁垒"是我的信条之一。所以职员的提案,我基本上是照单全收的。在同意他们"演戏"的那一刻,我就下定了决心,要和大家一起"摔盘子"。反正我在竞选的时候就做好了思想准备,要竭尽全力为县民谋幸福。要是在这个关键时刻犹犹豫豫,大伙儿一定会泄气的。

酷MA萌的好朋友Suzanne小姐①也帮了我们一把。身为熊本县的宣传部长,她亲手画了一张酷MA萌的"寻熊海报",上面写着"熊出没中""有没有人见到咱家的酷MA萌呀"。没过多久,这张海报就贴遍了大阪的大街小巷。

我们还在广播电台投放了广告,呼吁大家帮忙找酷MA萌。总之,我们把所有能用的法子都用上了。大阪人也许会觉得很纳闷吧:"到底出什么事了啊?"

万事俱备,只欠东风。做好了铺垫,就轮到酷MA萌出马了。

好在大阪人很喜欢凑热闹,都积极参与到了这场活动之中。

"我想摸它的尾巴,却被它一个转身躲开了!超敏捷有没有!"

---

①日本女星,本名山本纱衣。

"要不要把它抓起来啊？"

许多大阪人一看到到处乱转的酷MA萌，就会把它的情况发到Twitter或Facebook上。

大阪真不愧是全日本最有幽默感的城市。我们的职员总能在网上搜到超乎想象的投稿，笑得前仰后合。

媒体的反应也很不错，大家都很关心酷MA萌。我甚至可以说，没有这次活动的成功，就没有酷MA萌今日的人气。

多亏了大家的鼎力支持，酷MA萌顺利发完了一万张名片，昂首挺胸地回到了熊本。

和酷MA萌一起在吉本新喜剧中栽跟头

刚开始在大阪宣传酷MA萌的时候，我们就制订了一个目标。

那就是，登上话剧的殿堂——"吉本新喜剧"的舞台。

吉本新喜剧由吉本兴业的谐星们联袂出演。你捧一句，我逗一句，笑声满天飞。剧中不仅有笑料，也有能让人感动得落泪的桥段。新喜剧每天都会在难波大花月剧场上演，电视上也能看到。

有些职员起初不是很喜欢这个点子，因为他们觉得："来看新喜剧的大多是游客，而不是大阪本地人。在这方面花钱没有意义啊!"但是也有些职员铁了心要让酷MA萌登上吉本新喜剧的大舞台。他们不仅争取到了剧场方面的许可,还拿到了许多诱人的条件,比如"把故事的舞台设定成熊本""在剧场内举办熊本特产展"……

换言之,这个企划之所以能实现,多亏了职员的一片热忱。

说来也巧,当时吉本兴业正好想挖掘一些和地方城市有关的题材,也在摸索和地方公共团体合作的方法。所以我们才能一拍即合。

我们最终敲定,在距离新干线开通不到两个月的2011年1月,让酷MA萌登台献演。

吉本兴业决定在剧场进行为期一周的特别公演,公演的主题是:"难波大花月剧场熊本周:熊本好地方!又近又好玩!"

舞台剧的标题则是《吉本新喜剧:熊本旅馆骚动记?!》。

吉本方面为这出剧构思了全新的原创剧本,在剧情中融入了大量宣传熊本美食的桥段。

酷MA萌连着参演了一星期。而我也在其中的一天登上了舞台。

为了宣传熊本的魅力,酷MA萌、熊本县知事和熊本县宣传部长Suzanne小姐必须同时出现在舞台上。"为了促进熊本的发展,我们可是卯足了劲!"——新喜剧的舞台,就是向大阪人宣传熊本的大好机会。

说起吉本新喜剧,大家头一个联想到的就是"栽跟头"。参

随便乱摔可不行！在吉本新喜剧栽跟头演的嘉宾一般都要和谐星们一起在舞台上栽一下。

政治家最怕的就是"栽跟头"这三个字，因为它听起来不吉利呀。"我们知事虽然开明，可让他在大家面前栽跟头总归有点……"县厅的职员们心里也没底，但他们还是鼓起勇气向我提出了"栽跟头"的要求。据说当时没有一个人主张中止这项计划。多么默契的团队呀！

我还把这件事告诉了我在东大教过的学生们。大伙儿一听完就慌了，连忙劝道："老师，您不用这么拼吧！"

但我心意已决。

要是能通过我栽的跟头，让大家感觉到"熊本县在进行一项很有意思的挑战",那让我栽多少跟头我都心甘情愿。

我这个人吧,要么就不做,既然决定要做了,就得做到最好。

正所谓台上一分钟,台下十年功。要在舞台上"栽得精彩",就得做好充分的准备。县厅的职员在知事办公室里给我示范了好几次:"知事,您到时候就得这么栽!"

激动人心的日子终于到了。

剧本设定的故事背景是我、Suzanne 小姐和酷 MA 萌去熊本各地的旅馆宣传即将开通的新干线。我也是有台词的哦。

走上舞台之后,我才意识到要"栽"得是时候绝非易事。

演着演着,我错过了一次栽跟头的时机。其他演员立刻来了一句:"知事!您该栽跟头了呀!别傻站着呀!"人家虽然是临场发挥,但效果相当不错,底下的观众都笑得人仰马翻。

剧中有一幕是我请求旅馆的老板向关西来的游客提供额外的服务。我再三恳求,老板却不肯点头:"知事求我也没用!"可是 Suzanne 小姐娇滴滴地说"帮帮忙啦",老板就一口答应了。这个时候,舞台上的所有演员都要栽一个跟头。这也是全剧的高潮之一。

熊本县的电视台也会播放表演的录像。县民们都看着呢,我可不能随随便便栽一下了事啊。

我整个人横着往地上一瘫……肯定有不少人认定,堂堂知事只会"意思意思"。看到我栽得这么夸张,其他演员也是拍手叫好:"这就对啦!栽得好!"观众们也笑得更欢了。

酷MA萌就更厉害了。它先是一栽，然后顺势躺倒，用手肘撑着脑袋，好一副自得其乐的样子。一旁的演员立刻吐槽："酷MA萌！你可不是在家看电视啊！"看来酷MA萌的搞笑本领在大阪有了很大的进步呀。

之后，我说道："那我们稍微休息一会儿吧。"说完，我们就走向了舞台的侧面，准备退场。

舞台与舞台侧面之间隔着一道屏风，地面也不一样高。我一不小心，真的绊了一跤。当时我还站在能被观众们看到的位置，把大家逗得哈哈大笑。这也算是无心插柳吧。

我们的戏份还没结束呢。

演到中场，我们一行人就该离开旅馆了。

旁人问Suzanne小姐："您接下来要去哪儿啊？"她回答道："我要去关西的广岛！"

演到这儿，我也逐渐摸到了感觉。我把整个人往后一仰，狠狠地栽了一跤，比县厅职员教我的动作更夸张。

一旁的演员忙道："哎哟，栽跟头的人我见得多了，可还是头一回见到往后栽的，真不愧是知事！"最后退场的时候，我甚至有闲情逸致向观众们挥手致意呢。

"知事，那一刻您是被笑神附体了呀！"

听到观众的夸奖，我总算是松了一口气。幸不辱命！

表演录像的收视率貌似也很不错，宣传效果棒极了。

大阪战略带来了"同比增长 54%"的成果

在九州新干线即将开通的时候,我们在大阪举行了为期两天的宣传活动,专门介绍熊本的特产与名胜。有职员提出,不妨在活动中安排一个"酷 MA 萌粉丝答谢会"的环节,让酷 MA 萌和粉丝们来一个亲密接触。

酷 MA 萌在大阪的名气越来越响了,但我们也不确定它能有多大的吸引力。当时正值隆冬,一线的职员们也很担心会不会没人来捧场……谁知他们是杞人忧天了。活动还没开始,会场就排起了长龙。职员和酷 MA 萌都是又惊又喜。

那天酷 MA 萌又是上台表演,又是给观众签名,一早准备好的 450 块签名板一眨眼的工夫就发完了。大家都争着抢着和酷 MA 萌合影。酷 MA 萌在大阪打拼了足足半年,它的努力总算是开花结果了。

不过酷 MA 萌的使命并不是"当明星"。关西战略的成败,全看熊本的知名度有没有提升。那么这项战略究竟交出了一份怎样的成绩单呢?

在九州新干线全线开通后的 2011 年度,通过 JR 等交通方式从关西来到熊本的游客增加了约 49 万人,同比增长 54%。

由此可见,关西的确对熊本产生了积极的影响。我们的努力没有白费。

以"乐市乐座"策略推广酷MA萌

早在酷MA萌登上吉本新喜剧的舞台之前,我们就做出了一个重大的决定(当时酷MA萌在大阪才刚开始崭露头角)。

我们从设计酷MA萌的水野老师手中买下了"酷MA萌"这个形象的著作权,由县厅进行统一管理。

而且我们把酷MA萌变成了一种对外开放的资源。想使用"酷MA萌"形象的人无须支付任何使用费。

在战国时代,织田信长减免了民众的赋税,还建设了能进行自由交易的市场,促进了领地的经济发展。这就是所谓的"乐市乐座"政策,和今天的"经济特区"有着异曲同工之妙。我们效仿了当年的织田信长,试图以酷MA萌的使用权为载体,构筑起一个肉眼看不见的经济特区。

这一举措获得了空前的成功。正因为我们免除了酷MA萌的使用费,所以许多企业都对"酷MA萌"产生了兴趣。

一般情况下,要在商品包装上使用某个特定的卡通角色,就需要向版权方支付一定的使用费(比如"零售价的X%")。当时也有人提出,不收使用费会不会太"亏"了啊?但是日本有一句俗语,叫"吃亏就是占便宜"。人家是抛小鱼钓大鱼,我们则是用一只熊钓到了县民的幸福。

不过,使用"酷MA萌"的人需要和我们约法三章。

如果有人想把酷MA萌用在和熊本县没有关系的商品上,

那我们就会要求对方在产品包装上加一句宣传熊本的话或图案。

比如,可以让外包装上的酷MA萌说:"我喜欢熊本萌!"或是:"熊本是个好地方!"

如果找上门来的是将产品销往全国各地的食品公司(而且这家公司不在熊本),那我们就会请对方设计一款使用熊本食材的产品。

前一阵子,格力高就和熊本县合作推出了一款限定产品"奶香可可味百奇(Pocky)"。产品中使用了熊本出产的泽西①牛奶。格力高不花一分钱就把酷MA萌印上了产品包装。而熊本县则通过格力高的产品宣传了本地的牛奶,提升了牛奶的销售额,为熊本的企业与农户带来了更多的收入。收入越多,缴纳的税费也会越多,熊本县的财政状况就会越好。这就是一种不折不扣的"三赢"关系。

如果使用酷MA萌的公司都要支付使用费,那么在洽谈合作事宜的时候就一定会牵涉到"金额"。正所谓"吃人家的嘴软",一收钱,县厅就不好意思提要求了呀。

我还反复叮嘱职员们,有人想用酷MA萌,就尽量让人家用,不要随便回绝。

有些公司给出的提案的确和熊本没有太大的联系。遇到这种情况,我们会把熊本县的农产品推荐给对方,或是干脆把熊

---

① 奶牛品种名。

本的农业协会介绍给他们。熊本有许许多多美味的食材,食品公司也很愿意在产品中使用我们的农产品。

读者们也许会觉得,放开酷MA萌的使用权好像不会给县厅带来太多的益处。其实不然——还有企业会把产品销售额的一部分捐给熊本县呢,这也许正是因为"免费使用了酷MA萌"让他们有些过意不去吧。

推出"乐市乐座"政策之后,我越发深刻地体会到酷MA萌的过人之处。我为什么说酷MA萌厉害呢?因为每一个人、每一家公司提出的设计方案,都没有拉低酷MA萌的形象。

许多公司都把自己反复斟酌过的设计方案拿到了县厅给我们审查。我惊讶地发现,他们提出的所有商品与设计方案,都是在给酷MA萌锦上添花,而不是往它脸上抹黑。

正因为大家都是真心喜爱酷MA萌,所以才能想出这么多适合它的点子。酷MA萌当然也很开心啦,每天都忙着拍广告和宣传照呢。

"酷MA萌"是一个对所有人开放的品牌。

大家对酷MA萌的"喜爱",也在不断提升这个品牌的价值。

缘何以网上宣传为主?因为没钱

实不相瞒,酷MA萌项目在启动伊始就遇到了一个大问题。

没钱！

如果我们有充裕的预算，就能在主流媒体大量投放广告了。可我们就是没钱啊。

于是县厅的职员们开动脑筋，想了很多"穷办法"。

要实现"零成本宣传"，最好的方法就是使用各类社交网络工具，比如博客、Twitter、Facebook，要么就是拍个视频，传到 YouTube 这样的视频网站上。

为了在尽可能不花钱的情况下宣传酷 MA 萌，职员们下定决心，要把网上的资源用到极致。

今时今日，很多企业都会使用这些网络工具进行市场营销。

但是在 2010 年那会儿，"社交网络"的普及度还没有那么高。谁都不会想到，堂堂地方政府会用网络宣传自家的吉祥物。

而且使用网络媒体也有一定的风险。稍不留神，就会引起网民的口诛笔伐。

然而，我们的职员依然决定在网络媒体上赌一把。毕竟这些媒体在日本的用户数量正在飞速增加。把酷 MA 萌送去大阪之后，职员们就开始用 YouTube 进行宣传了。

直到现在，网络媒体依然是我们最主要的宣传渠道。

酷 MA 萌会在 Twitter 实时发布它的一举一动。

酷 MA 萌的一天从"早安酷 MA~！"开始。

它会通过 Twitter 介绍自己当天参加的活动，上传自己所到之处的风景，还有和其他吉祥物的合影。在一天的最后，它会发一句"晚安酷MA~☆",进入梦乡。

酷MA萌打招呼时说的话,还有在句尾加"萌"的口头禅,都发源于酷MA萌的Twitter。

Twitter的好处是,酷MA萌可以和粉丝们进行互动。

如今酷MA萌已经有足足30万粉丝了,所以它没有精力一一回复留言。

但是酷MA萌对寿星格外关照。

"酷MA萌,我今天过生日哎!"

看到这样的留言,酷MA萌就会回复道:"生日快乐~熊抱~熊咬☆(抱一下再咬一口,这是酷MA萌表达感情的方式之一)。"

Twitter的发言有字数限制,能上传的照片数量也是有限的,所以需要发布更详细的信息时,我们会使用Facebook。

截至2014年1月底,酷MA萌在Facebook也有15万5千多位粉丝了。它还开设了英语的Facebook主页,在中国的微博也开设了账号。如此一来,全世界的粉丝都能时刻关注酷MA萌的动向了。

Twitter、Facebook这种网络媒体与传统纸媒的不同之处在于,我们能通过网络使信息扩散,还能与粉丝们一起把气氛炒得火热。而且网上的信息是会不断积累的,大家随时随地都能查阅到以往的信息,想看几遍都没问题。比起一闪而过的电视广告,网络媒体的宣传效果明显好得多。

再加上酷MA萌本来就长得可爱，容易以"地方趣闻"的形式出现在主流媒体上。

这不，连NHK新闻都介绍过酷MA萌呢！只要能登上全国性的电视节目，就能在一瞬间让全国各地的人认识酷MA萌。新闻视频一旦被传上视频网站，就会被反复点播好几万次。不用花大价钱打广告，酷MA萌的形象也能深入人心。

我还充分利用了自己的知事身份。知事毕竟是公众人物，很容易得到媒体的关注。想当年酷MA萌还没什么名气的时候，我经常带着它到处跑，增加它的曝光度。现在可好，我反而成了酷MA萌的小跟班。

当然，用网络媒体宣传也不是一分钱都不用花的，但是和在报刊电视上打广告相比，这点钱几乎可以忽略不计了。

在网络平台上，信息能在人与人之间飞速传递，一眨眼的工夫就传遍了全世界。从这个角度看，网络着实是一种潜力无穷的媒体。

正因为囊中羞涩，我们才能想到"用网络宣传"这个金点子。

副知事日记 ①

突然参选,学生们一片哗然

大家好,我是熊本县副知事小野泰辅。我在东大上学时,蒲岛知事就是我的导师。我会在专栏中为大家还原一个"学生眼中的蒲岛知事"。

突然有一天,东大"蒲岛研究室"的学生们收到了一封群发的邮件:蒲岛老师要竞选熊本县的知事!

毕业生们一片哗然,在校生就更不用说了。导师跑了,他们能不着急吗?

有些人说得比较婉转:"学者跑去当政治家真的好吗?"也有人毫不留情地说:"要是老师没选上怎么办啊!那他的蒲岛理论不就站不住脚了吗?"反正大家都很反对老师去竞选。但我们也很清楚,老师大概是不会改主意了。蒲岛老师虽然是一个胸襟开阔的人,可他一旦下定了决心,就绝不会打退堂鼓,无论周围的人怎么劝说,他都不会动摇。

我们都很了解老师的性子,所以他正式成为候选人之后,我们就团结了起来,竭尽全力帮老师竞选。

许多在校生和毕业生远赴熊本,帮忙完成各项工作,晚上干脆睡在办公室里。我们怎么就这么拼呢?这也许是因为我们都被蒲岛老师"迷住"了吧。他身上的确有一种不可思议的人格魅力。

当时我在一家建筑领域的咨询公司上班。在投票日的三四天前，我特意请假赶去了熊本。投票日前一天晚上，老师的最后一场街头演讲结束后，我们几个工作人员一起吃了顿饭。一位负责人在席上对我说："等蒲岛先生当上了知事，要是有你这么能干的人帮忙，他一定能轻松不少呢。"

我回答道："如果老师需要我，我也想尽自己的一份力。"我当过政治家的秘书，在蒲岛老师门下学的也是政治学，所以我对重回政界这件事并不抵触。

第二天，蒲岛老师成功当选。"蒲岛知事"就此诞生。

"你愿不愿意来熊本帮我啊？"

几天后，我就接到了老师的电话。

我自是一口答应。两周后，34岁的我辞去了咨询公司的工作，搬去了熊本。我的妻子是土生土长的东京人。当我告诉她，我决定去熊本工作时，她一脸无奈地说："算了，我劝了也没用……"

我与蒲岛知事的合作就此拉开帷幕。

蒲岛说：你愿不愿意来熊本帮我啊？

第 2 章

冲出日本，走向世界

我和蒲岛知事去过好多个国家萌!中国啦,欧洲啦,美国啦……可我们不是去旅游的哦!看完这章,你就知道我们是去做什么的啦。给你一个小提示:织田信长的乐市乐座。这就是将幸福传遍全世界的关键词萌!

任命酷 MA 萌为营业部长的三个原因

2011 年 9 月 30 日,我把酷 MA 萌请来县厅,把一纸调令递到它手中。

上面写着:"特聘酷 MA 萌为熊本县营业①部长。"

记者蜂拥而至,闪光灯亮个不停。酷 MA 萌在众目睽睽之下,接过了调令。

它只当了一年的临时职员,一眨眼就升任了部长。在我们熊本县厅,像它这样"平步青云"的人可不多见。接下调令的时候,酷 MA 萌的神情都比平时严肃了几分呢。

我们还让酷 MA 萌以"部长"的身份参加了县厅的高层会议。

县厅的高层会议就是我们熊本的"内阁会议"。只有我、副知事和各部门的部长才有资格参加。而刚上任的营业部长酷 MA 萌也抬头挺胸地出席了会议。

此举虽然没有激起部长们的强烈反对,但大家起初多多少少还是有些不太适应的。

---

①相当于中文里的"销售"一职。

也难怪啊，毕竟高层会议的作用是制定熊本县政府的运营方针，是非常正式且严肃的场合。让一个吉祥物参加这样的会议，的确是闻所未闻。

但酷MA萌已经是我们的营业部长了。

为了让县厅上下的所有人员都充分认识到这一点，我特意让酷MA萌参加了高层会议，好让其他部长认可它的地位。

刚开始参加会议的时候，酷MA萌好像还是有点紧张的。

不过它鼓起勇气，在我们面前汇报了它的工作业绩，最后还和其他部长交流起了心得，聊得可愉快了。

我为什么要提拔酷MA萌当营业部长呢？原因有三。

第一，它有傲人的业绩。

酷MA萌已经当了一年的临时职员。在此期间，它在大阪发放了一万张名片，还完成了许多艰巨的任务，进化速度大大超乎我们的预料。

这也离不开酷MA萌自己的不懈努力。

它的舞也跳得越来越好了，动作特别到位，一举一动都很有"酷MA萌"的感觉，能给人留下"顽皮的小男孩"的印象。在和大阪民众交流的过程中，它的搞怪水平也有了显著的提升。

而且它的名气越来越响，从侧面上帮助熊本县提升了知名度。这就是酷MA萌最大的功绩。

第二，"梦想"是这一届蒲岛政府的关键词。

县厅的"临时职员"居然升任了"营业部长"，跳了三级都

任命酷 MA 萌为营业部长，还让它出席高层会议

不止啊。在现今的日本社会，如此振奋人心的成功故事可不多见。

只要努力，就能圆梦——无论是大人还是孩子，都能受到酷 MA 萌的鼓舞。

第三，有了"部长"这个头衔，酷 MA 萌工作起来就更方便了。

访问企业的时候，人家一听说酷 MA 萌是"部长"，就一定会派个有头有脸的人来接待，跟社长这个级别的人平等对话也不是什么难事。人脉越丰富，酷MA萌能大展拳脚的地方就会越多。

酷MA萌做客可果美（Kagome）的东京总公司时，西秀训社长还带着商品开发部长一起出门迎接它了呢。

当时酷MA萌向他们推销了冬季的熊本特产，凸顶柑。

可果美在前一年的冬天推出过一款限定产品，叫"蔬菜生活100凸顶柑混合果汁"，市场反响还挺不错的，所以可果美二话没说，立刻答应了酷MA萌的要求。

在这次访问中，双方敲定要将"蔬菜生活100凸顶柑混合果汁"销往全国各地。可果美为酷MA萌的魅力所倾倒，还请酷MA萌当全国版广告的主角呢。这也是酷MA萌参演的第一支在全国投放的广告。

"高层洽谈"之所以能顺畅无阻，正因为酷MA萌有"营业部长"这个在社会上通用的头衔。从这个角度看，提拔酷MA萌当部长果然是个明智之举。

现如今，县厅的所有人都对酷MA萌的业绩交口称赞，打从心底里尊敬这位可爱的营业部长。

2013年夏天，位于熊本市中央区的"酷MA萌广场"正式对外开放。广场上有专供酷MA萌跳舞的舞台，还有销售酷MA萌周边的小卖部。在广场的一角，还设有酷MA萌的部长办公室。屋里有摆着办公桌，桌上有一部电话。酷MA萌有时候也会来办个公呢。

最近酷 MA 萌已经很少来县厅"上班"了,不过它毕竟是营业部长嘛,就该到各处去跑业务。也许我们的酷 MA 萌才是全日本最忙的营业部长呢。

酷 MA 萌热潮席卷全国

2011 年夏天,酷 MA 萌走出九州,冲过关西,进军东京。

那时酷 MA 萌在九州和关西已经很有名了,但是在其他地区的知名度还远远不够。为了称霸全国,酷 MA 萌离开了故乡熊本,远赴东京。

它一会儿去银座的熊本特产店"银座熊本馆"帮忙推销,一会儿去购物中心与百货商店参加和熊本有关的活动。搞"销售"的嘛,就得这么脚踏实地。

酷 MA 萌偶尔也会有点想家,但它在人前总是活力十足,用最佳的精神面貌为大家献上精彩的表演。

万幸的是,东京人立刻爱上了酷 MA 萌。

酷 MA 萌露脸的机会越来越多了,还和举世闻名的凯蒂猫(Hello Kitty)同台献艺了呢。好多电视节目都报道了酷 MA 萌,我也坐在电视机前为它默默加油。曝光频率一高,邀请酷 MA 萌做客的活动就更多了,这就形成了良性循环。

看来酷 MA 萌真是个人见人爱的吉祥物。

就在酷MA萌开始红遍全国的时候，评选"十大最受欢迎吉祥物"的"2011年度吉祥物大赛"正式打响。

这项赛事是由一般社团法人"日本本地吉祥物协会"举办的，全国的地方政府与各类团体旗下的吉祥物都可以参选。

我们的酷MA萌在网络投票中拿到了287315张选票，在国内外的349个吉祥物中排名第一。

县厅的职员也知道酷MA萌在大阪很受欢迎，所以大家觉得"酷MA萌打进前十还是很有希望的"，没想到酷MA萌一报名，就冲到了排行榜的第二位。当时排第一的是爱媛县今治市的"巴里桑"①。之后，酷MA萌与巴里桑展开了激烈的"厮杀"……

见酷MA萌形势大好，职员们自然是斗志昂扬。在最后一个投票日，酷MA萌和酷MA萌小分队带领一队忠实粉丝来到熊本市的闹市区，为酷MA萌拉票。那热火朝天的景象，简直和真的选举有得一拼。

第二天，主办方在琦玉县的羽生市公布了投票结果。当天我没能到场声援，不过酷MA萌小分队和其他职员都赶到了现场，和酷MA萌一起庆祝这场伟大的胜利。

年仅一岁半的酷MA萌第一次参赛就一举夺魁——媒体争相报道了这条大新闻。

折桂次日，酷MA萌衣锦还乡。我与职员们纷纷来到县厅

---

①身高、三围都是150厘米，体重150公斤的圆滚滚的小黄鸡。

门口迎接它的归来。酷MA萌拿着奖状,好一个春风得意。

我紧紧抱住酷MA萌说道:"酷MA萌,辛苦你啦!从今往后,请你为全日本的人带去更多的欢乐吧!"

我下意识地说出了"全日本"这三个字。

得奖后,酷MA萌一炮走红……

"人气吉祥物"带来了1244亿日元的经济效应

2011年12月,县厅针对"酷MA萌的认知度"进行了一项调查。结果显示,酷MA萌在福冈的认知度为78%,在关西地区为60%,在首都地区为40%。在2012年12月,熊本县的智库又进行了一次类似的调查,发现酷MA萌在九州的认知度高达96%,在关西地区为85%,在首都地区也有73%。在短短一年时间里,酷MA萌的认知度有了显著的提升。

我们还统计了全国各地的酷MA萌相关商品的年销售额。2011年的总销售额为25亿日元,一年后竟飙升至293亿日元,足足是2011年的十一倍,不少全国性的主流媒体都报道了这条喜讯。

县厅请那些使用了"酷MA萌"形象的企业填写问卷,将搜集来的销售数字相加,就得出了"酷MA萌"的总销售额。当然,并不是每一家企业都愿意公开商业机密,所以那时问卷的回收率只有55%左右。要是算上没有回答的那45%，酷MA萌的总销售额极有可能突破500亿日元。

那时，销售酷MA萌相关商品的企业也增加到了一千六百多家。

和酷MA萌有关的书籍接连上市，全国性的广告里也能见到酷MA萌的身影。时至今日，我们几乎天天都能在各类媒体上看到可爱的酷MA萌。熊本县的酷MA萌，已然升级成了"全日本的酷MA萌"。

在2012年，酷MA萌的表现尤其活跃。它去了很多从没去过的地方，上至北海道，下至冲绳，全国各地都留下了它的脚印。北海道的千岁机场有一个"酷MA萌专区"，我还在石川县酒店的小卖部里发现了"酷MA萌专柜"呢。我们的营业部长还真没有偷懒。

日本银行的熊本分行给出了一项惊人的数据：在2011年11月到2013年10月的这两年时间里，酷MA萌带来了1244亿日元的经济波及效应，其广告效应也高达90亿日元。酷MA萌已经不是普普通通的吉祥物了。连县厅的职员们都对它赞不绝口，说它是"最卖座的吉祥物"。

也有人说我们太傻，好好的"摇钱树"不用来赚钱，而是让人家免费使用。

但我们觉得"开放"的状态更适合酷MA萌。

也许有朝一日，那些购买了酷MA萌周边商品的顾客会来到熊本观光游览,为熊本县带来收入与幸福。还有比这更令人欣慰的良性循环吗?

全日本最忙的熊本品牌推进课

酷MA萌已经成了空中飞熊,每天都要去全国各地参加活动,日程安排紧凑极了。这样的大忙人,自然需要一批人去帮它协调日程。

与酷MA萌有关的工作何其多。职员们不仅要审核全国各地发来的"酷MA萌周边制作申请"。想请酷MA萌到场助兴的活动也是层出不穷,这都需要职员一一处理安排。

负责这些工作的就是熊本县厅的"熊本品牌推进课"。从某种角度看,他们就是酷MA萌品牌的"交通协管员"。

这个课室成立于2009年。

其实它原本并不是为酷MA萌服务的——熊本县有许多出色的观光资源与特产,在首都地区与关西地区的知名度却算不上高。品牌推进课的职责,就是提升熊本县的认知度与品牌价值,让"熊本是个好地方"这句话深入人心。

酷MA萌之所以能通过与九州新干线的开通联动的"熊本惊喜"项目,在大阪赢得大家的喜爱,并成功推行关西战略,离不开品牌推进课职员的辛勤努力。自2012年起,品牌推进课就成了酷MA萌品牌的大本营,所有与酷MA萌有关的业务都由该课室统一管理。

这个课的职员们都忙得不可开交。

有意请酷MA萌助阵的企业比比皆是。品牌推进课每月会收到六百多份"酷MA萌使用申请"。要是算上"酷MA萌出动申请"和各类洽谈,每年的项目数量多达数千个。百货店特产展等活动的主办方都希望能请到可爱的酷MA萌。请酷MA萌上电视、出书、当一日店长这样的委托也有不少呢。这类申请都会由品牌推进课的职员竭诚应对。

职员们的办公桌上总是堆满了文件,怎么处理都看不到头。来县厅洽谈合作业务的访客更是络绎不绝,职员们还得抽空接待。

业务这么忙,大家总免不了要加班,每天都要工作到很晚。如果您认定公务员都是朝九晚五,准点下班的,那不妨来我们熊本的品牌推进课参观一下,保准您对公务员刮目相看。

到了夏天,大伙儿就更忙了,因为夏天是属于广播体操的季节。

酷MA萌需要时常去孩子们做广播体操的地方加油助阵。职员们早上四点就得起床,赶去集合地点完成各项准备工作。我可没有命令他们早起哦——那都是大家自愿的。

工作虽然繁忙,但品牌推进课的职员们总是活力十足,一看就知道他们打从心底里享受自己的工作。他们常说:"这是全日本最有意思的职场。"

"不知疲倦的挑战精神"与"默契的团队协作",正是他们的过人之处。

发放一万张名片的任务、假记者招待会、参演吉本新喜剧……这些创意都出自品牌推进课。将酷MA萌任命为营业部长的点子,也是由他们想出来的。如此丰富的想象力,我真是自愧不如。他们就是"摔盘子"精神的代言人!

别分析"做不到"的理由,去寻找"做得到"的方法

品牌推进课的成员都是县厅的职员,所以在"宣传"和"吉祥物"这两个领域是不折不扣的外行人。

在开展各项活动时,他们只能不断地摸索。摸索嘛,难免会遇到"不知道该怎么办"的情况。这时整个团队就会群策群力,讨论出一个结论来。一旦出现问题,职员也不会自己扛下来,而是会寻求其他团队成员的帮助,与大家一道克服难关。"一同承担风险"的团队合作精神,也是在"酷MA萌"这个平台上孕育出来的吧。酷MA萌真是太伟大了!

而且大家还养成了一个习惯:要是有些犹豫该不该做,那就鼓起勇气去做。这是一个非常巨大的变化。在以往的县厅文化中,职员一旦产生犹豫,就会选择放弃,毕竟多一事不如少一事。其实这就是"不愿承担责任"的体现。但今时不同往日,为了

实现自己的企划，职员们都会主动思考，积极采取行动，既有执行力，又有一腔热血。

给大家举个例子吧。有些公司提交的使用申请存在一些问题，不能就这么批准。但职员们不会立刻断定这些申请没有可行性，而是会聚在一起讨论"化腐朽为神奇"的方法。

当然，品牌推进课的职员们起初还是有些纠结的："公务员成天做这些事真的好吗？"

不正面宣传熊本，而是让酷MA萌神出鬼没。

这绝不是传统的宣传手法。谁都不知道我们能收获怎样的宣传效果。

但我听完他们的创意之后，就立刻拍板了："有点意思！放手去做吧！"

我们要鼓起勇气"摔盘子"，不断挑战没有前例可循的事情。如果职员提出的企划案能靠我的人脉实现，我就会牵线搭桥。

政府部门有时也需要做出艰难的政治决定（好比我会在之后的章节介绍的川边川水坝与工业废物最终处理场的问题），但是创造出"酷MA萌"这种充满希望与梦想的项目，也是政府的重要职责之一。

县厅的职员与酷MA萌都是公务员，都要遵守相应的规章制度。但要是固步自封、墨守成规，就无法挑战新机遇了。

正因为酷MA萌与职员们总是不惧挑战，他们才能不断进步。

从今往后，为了让酷MA萌永远为大家所喜爱，品牌推进课的职员们仍会大胆创新，勇于挑战，与酷MA萌一同进化。而他们的挑战精神也会成为改革的象征，对其他课室的成员产生积极的影响。

和酷MA萌共事过的职员们在其他部门也掀起了变革

县厅的人事调动非常频繁。

常有人批评说，这样的制度降低了政府部门的办事效率。但是在我们熊本县厅，频繁的人事调动反而产生了正面影响。酷MA萌诞生之后，这种倾向就变得更为显著了。

"如何提升县民的幸福度？""做什么事才能让县民更开心？"——品牌推进课的职员在和酷MA萌打交道的过程中养成了时刻牢记这些问题的好习惯。当他们被调到其他部门时，就会引发奇妙的化学反应。

品牌推进课的第一任课长宫尾千加子女士后来被调去了负责水俣病[①]与环境政策的部门。她所负责的工作，正需要她与酷MA萌一同培养出来的"县民幸福总值最大化"精神。

怎么做才能为县民与县外来客带去一份小小的感动？怎么

[①]食用有机汞污染的鱼类、贝类或饮用有机汞污染的水引起的一种综合性疾病，因1953年首先发现于日本熊本县水俣（yǔ）湾附近的渔村而得名。

做才能博大家一笑？思考小惊喜与小感动的习惯，竟在一个出人意料的场合发挥出了作用……

2013年，探讨水银污染问题的"水俣条约外交会议"在熊本县隆重举行。

《水俣条约》是有史以来第一部旨在降低水银对人体健康与环境的威胁，尽可能减少水银的使用，对水银的废弃方法做出明文规定的条约。水俣病是一个现在进行时的难题，目前仍有一些小规模的金矿会在开采过程中使用水银。在非洲、亚洲与中美洲，水银造成的环境污染也严重威胁着当地人的健康。为了吸取水俣病的惨痛教训，不让悲剧重演，熊本县希望通过这场会议向全世界表达治理水银问题的决心。

会议请到了来自全球140个国家与地区的千余位嘉宾到场。其中不乏第一次造访日本的客人。既然是第一次来日本，那这场会议自然也是他们与熊本的第一次接触。

县厅的课长们心生一计——他们决定借此机会，用"小惊喜与小感动"款待世界各地的嘉宾。与会者下榻的每一间酒店客房里都放着欢迎卡，上面印着我和熊本市长的欢迎词。旁边配有美味的熊本矿泉水，以及用纸折出来的小酷MA萌。

我们还向每一位与会者赠送了一只平底玻璃杯，上面印着孩子们画的画。为了让远道而来的嘉宾多了解熊本和水俣一些，孩子们都使出了看家本领。杯子上还印着图画创作者的姓名与就读的学校，许多与会者事后还发来了感谢信呢。

除此之外，我们还请与会者和志愿者一起折了纸鹤，供在水俣病慰灵碑前。和单单参加一场会议相比，投入这样的活动能让与会者就水俣病进行更加深入的思考。对熊本县民而言，这也是一个和各国嘉宾加深交流的好机会。

综上所述，我们最大程度地利用了有限的人力物力，为每一位与会者送去了小惊喜与小感动。外国嘉宾们也理解了我们的良苦用心，大家纷纷表示："我从没体验过如此温暖的款待""下次我一定会带家人一起来熊本的"……

一点点小心思，换来了与会者的感动。

宫尾女士的后继者是坂本孝广先生。担任了一段时间的品牌推进课课长之后，他被调去了废弃物对策课。

顾名思义，废弃物对策课的任务就是管理县内的所有废物。他们的工作涉及家庭垃圾的分类、家电回收及工业废物处理公司的管理等领域。

我们甚至可以说，这个部门的职责与品牌推进课完全相反。因为它的主要任务就是"限制与管理"，禁止县民干这干那。和酷MA萌一道追求县民幸福总值的人，竟然成了这样一个部门的课长……

坂本课长上任后做的第一件事，就是调整部门职员的思路。他反复强调，我们要站在县民的角度想问题，废弃物行业需要的不是"封堵"，而是"鼓励"。久而久之，他就说动了几位骨干职员。

骨干职员与年轻职员在下班后集合起来，一起梳理了部门政策存在的问题，并探讨了废弃物管理政策的发展方向。没有课长与其他领导在场，是大家自发组织的。这也说明他们热爱自己的工作，有着强烈的责任感。

不久后，大家就明确了部门的基本方针，并在方针的指导下开展各项工作。大家逐渐意识到，只要换个角度看，废物就变成了宝贝，把"废物回收利用"这个行业培养成新兴产业也是很有希望的。后来，他们便和农政部门开展了合作，将糕点工厂产生的废物用作牲口的饲料，充分利用起来。

在水俣条约外交会议上，我宣布熊本要在建设"零水银社会"的事业上发挥出表率作用。而废弃物对策课立刻对我的发言做出了反应，主动提出要去调查熊本县内的水银使用量。难能可贵的是，这并不是他们的本职工作。县厅职员勇攀高峰的精神，也让我分外感动。

星星之火，可以燎原。只知道管理与限制的县厅文化正被我们的职员逐步改写。小变化环环相扣，定能掀起更为巨大的变革。

甩掉"官僚做派"，挑战新思路

和酷MA萌有关的工作没有先例可循，什么都得自己开动脑筋想。一旦养成了动脑筋的习惯，就算被调去了其他部门，也能放开手脚"洗盘子"。

　　品尝到工作的快感之后，就会自然而然地产生敬业之情。到时候，你就不会满足于"只做领导交待的事"或"只做规定好的事"了。

　　如今，熊本县厅的每一个课与每一个部门都和酷MA萌有着千丝万缕的联系。说句题外话，我们有很多职员都在用印着酷MA萌的名片。还有人定做了酷MA萌形状的名片呢。大家都是打从心底里喜爱酷MA萌，想和酷MA萌一起工作。

　　在2012年，熊本的农业生产收入在九州名列榜首。县厅的农林水产部专门负责农业方面的工作。他们也是经常和酷MA萌合作的部门之一。

　　熊本有着纯净丰富的地下水等各类自然资源。为了保护熊本的自然环境，县厅推出了"熊本绿色农业"政策。

　　熊本的自来水约有八成是天然的地下水。为了让熊本县民能长久饮用美味纯净的水，我们必须推广尽可能不使用化肥与农药的"环保型农业"，保护并改善自然环境。

　　在不使用化肥与农药的条件下生产出来的农产品更为安全，质量有保证。这类农产品会被贴上"熊本绿色农业"标签，证明它通过了严格的审核。而这个标签上印着的，就是以四叶草为背景的酷MA萌。要是您在熊本特产店或超市看到了贴有酷MA萌标识的农产品，那就放一万个心吧。

　　这款贴纸被我们戏称为"农夫萌（由农夫酷MA萌省略而

成)"。我还听说有些酷MA萌的忠实粉丝为了收集这款贴纸和印有农夫萌的纸板盒,整箱整箱地采购熊本的农产品呢。

从这个例子也能看出,酷MA萌为我们带来了许许多多前所未有的新思路。

我能切身感觉到,熊本县厅的各个部门已经逐渐改掉了各人自扫门前雪的官僚做派。许多部门都在通过酷MA萌开展合作,大胆挑战各种新业务。

县厅有了活力,熊本自然也会变得越来越有精神。我们也希望通过自己的工作,为促进地区发展尽绵薄之力。

同时发动"空战"与"陆战",进军世界

酷MA萌已经开始冲出国门,走向世界啦。

2012年底,美国主流媒体《华尔街日报》在头版报道了酷MA萌的英雄事迹,介绍了日本的"吉祥物热潮"。报上还印了酷MA萌的图片呢!

那篇报道如是说:"这只顽皮的黑熊不仅代表了熊本县,更是这股热潮的象征。"

我们的宝贝酷MA萌逐渐得到了世界的认可。我意识到,此刻正是让酷MA萌打入国际市场的好机会。

酷MA萌战略可分为"陆战"与"空战"这两个组成部分。

虽然酷MA萌已经大红大紫了，但它依然会积极参与熊本县的各类活动。

好比"酷MA萌体操"，就成了熊本小朋友的固定节目。无论是还在上幼儿园的小宝宝，还是已经上小学的大孩子，大家都会在各类活动上跳一跳"酷MA萌体操"。只要酷MA萌有时间，它就一定会赶去活动现场，和孩子们一起做操。

此外，酷MA萌还会去敬老院等福利设施慰问，频繁参加各级政府举办的活动，紧贴本地居民的生活。

我将这种扎根于本地的活动称为"陆战"。

然而，酷MA萌要是只知道打"陆战"，大家总有一天会腻的。

为了开展规模更大的活动，酷MA萌必须同时打"空战"。

2013年7月，酷MA萌出访法、德、英三国的新闻成了媒体关注的热点话题。

"让酷MA萌走出国门"——早在关西战略大获成功的时候，我们就暗暗制定了这个远大的目标。进军海外的目的，在于拓展酷MA萌的活动空间，提升它的品牌价值，进而拉伸熊本的品牌价值。

酷MA萌在亚洲已经相当受欢迎了。

它参加了中国台湾崇光百货举办的活动（内容是介绍日本的饮食文化与传统戏曲），现场的反响极为热烈。之后，我们的酷MA萌还参加了中国香港、新加坡等地的各类活动，更实现了出访欧洲的梦想。

巴卡拉、宝马……和一流品牌开展合作

其实啊,酷 MA 萌是带着任务去欧洲的。

这项任务就是"和外国企业开展合作"。

和德国的著名泰迪熊生产商 Steiff 公司合作推出的"酷 MA 萌泰迪熊"就是一个非常成功的案例。普通泰迪熊以茶色、白色居多,但这款"酷 MA 萌泰迪熊"是纯黑色的哦。它的四肢可以活动,序列号牌和脚底上都印着"KUMAMON",真是可爱极了。

这款泰迪熊引起了人们的广泛关注。它的售价为 3 万日元,不算便宜,一共就只有 1500 只。开售后仅 5 秒,酷 MA 萌泰迪熊就被一抢而空了。

法国高档水晶品牌"巴卡拉(Baccarat)"也为酷 MA 萌设计了一款用水晶玻璃做的手办。促成这次合作的正是酷 MA 萌自己。它之前参加了在巴黎举办的日本文化节"JAPAN EXPO"[①],还以营业部长的身份访问了巴卡拉村的制造工厂。我们的酷 MA 萌真的是一位非常优秀的营业部长哦。

德国的大型汽车厂商宝马(BMW)也对酷 MA 萌表现出了兴趣。为了宣传旗下的小型车"MINI",宝马专门设计了一款以酷 MA 萌的脸为原型的概念车。酷 MA 萌造访英国的宝马公司

[①] 欧洲最大的日本文化综合博览会,起源于 1999 年。

时,备受英国小朋友欢迎的绘本主人公帕丁顿熊坐着"酷MA萌MINI"前来迎接,可把我们高兴坏了。

可能MINI的"脸"本来就跟酷MA萌有点像吧,现在我每次在路上看到MINI,都会觉得那就是酷MA萌在跑。

上面提到的这些品牌,都是享誉世界的一流名牌。

和这些品牌开展的合作不仅引起了国外媒体的注意,在国内也成了热门话题,进一步提升了酷MA萌的品牌价值,让它的简历变得更好看了。

在外国取得了成功之后,酷MA萌再次回到了老家熊本。用"衣锦还乡"来形容当时的它真是再合适不过了。

虽然酷MA萌已经红遍了全世界,它依然会去熊本的幼儿园与小学做客。这也让熊本县民备感骄傲。

换言之,"陆战+空战"也是提升熊本县民幸福总值的战略。

酷MA萌是一位合格的公务员,它从没有忘记过"为熊本做贡献"的使命。在外人看来,酷MA萌成天都在玩,但它其实是在以"玩"的形式拼命工作,完成任务。

备受东大学生喜爱的酷MA萌

提升酷MA萌品牌价值的"空战"不仅限于和外国高端品牌的合作。让酷MA萌去"一流"的地方露脸,也能起到提升品牌价值的效果。

所以我们就把它带去了日本的顶尖学府——东京大学。

东大是我的老东家,所以我直接找到校方,提出我想上一堂关于地方政策的公开课,并表示我想把酷MA萌也带去介绍给大家。

照理说,堂堂的一流大学不可能让一个吉祥物站上神圣的讲台。东大方面也的确有人反对我的提议,几经波折才把这件事谈妥。

东大为什么就同意了呢?因为我们的酷MA萌不是普普通通的吉祥物吧。

它是熊本县厅一手捧红的吉祥物,是难能可贵的成功案例。由我这个当知事的亲口传授其中的战略与效果,定能让学生们学习到有血有肉的知识。这样的公开课绝不会是纸上谈兵。

2013年5月,酷MA萌成功登上了东京大学的讲台。

这堂公开课主要面向学生,但也允许校外人员听讲。一听说酷MA萌要来,申请书便如雪花片似的飞入了教务科,一眨眼的工夫,200个名额就被抢光了。

期盼已久的日子终于到了。

题为"行政新境界——酷MA萌的政治经济学"的公开课,被安排在东京大学本乡校区的"小柴厅"举行。

我在课上介绍了我是如何竞选的,又是如何重建了熊本的财政,撤销了川边川水坝的建设计划。我还从政治经济学的角度分析了酷MA萌的抢眼表现，向听众们介绍了以"县民幸福总值的最大化"为判断标准的政治手法。

东大是一个大摇篮，孕育着日本未来的"顶梁柱"。

我想告诉这些前途光明的年轻人，地方行政面临着许多问题，但也有无限的潜力。

当然，我也想借此机会宣传一下我的"摔盘子"理论。

日本社会有一种"枪打出头鸟"的坏风气。学生们虽然还没有踏入社会，但他们肯定在自己的成长过程中体会到了这一点。近年来，社会上的条条框框越来越多，管理力度也是越来越大，再加上经济的持续低迷，搞得全社会都很压抑。在这样的社会背景下，想必有很多日本人都失去了拼搏的斗志。

但我由衷希望，我们的年轻人能挣脱常识的束缚，不惧失败，果断挑战。要是连年轻人都失去了挑战的勇气，那日本就只有下坡路可走了。

东大是一所不太喜欢媒体的学府，但是这一回，他们为酷MA萌破了例，允许媒体进教室拍摄公开课的画面。

我讲完之后，酷MA萌就粉墨登场啦。

它一进教室，观众们就沸腾了。我真没想到大家会如此热烈地欢迎酷MA萌。看来东大的学生也很喜欢它嘛。

酷MA萌在大家面前表演了"酷MA萌体操"。这套体操是为孩子们设计的，所以我原本有些担心观众们的反应。谁知音乐一响，大家就跟着节拍左摇右晃，看得特别投入。酷MA萌的表现也和平时一样出色。

酷MA萌的戏份还没结束呢。

我为到场的观众们准备了一份小礼物——特制的酷MA萌名片。

"酷MA萌,快去发礼物吧。"

就在这时,酷MA萌和工作人员耳语了几句。

"酷MA萌好像把礼物给忘了……"

酷MA萌把两手一摊,没有丝毫要反省的意思。

当然,酷MA萌并没有忘带名片。就算底下坐的是东大的学生,它依然能够放开手脚表现自己。

最后,它掏出名片,分发给观众们。

"时间有限,动作快点哦!"我只能在一边苦笑。

我们也想让酷MA萌照顾到在场的每一个人,但之后还有提问环节,时间很紧张,所以我只能把它请出去:"酷MA萌一来,就没人听我的了……酷MA萌啊,你去外面发名片好吗?"

虽然酷MA萌只在教室里停留了十分钟左右,但它用自己的一举手一投足,打动了观众们的心。

为什么酷MA萌能俘虏各国人民的心

2013年4月,新任驻华大使的就任晚宴在北京的日本驻华大使馆举行。酷MA萌也受邀参加了这场宴会。

当时中日两国的关系十分紧张,但这不会影响到我们的酷MA萌。酷MA萌一现身,就被嘉宾们团团围住了,其中不乏中方的宾客。那时中国人都管酷MA萌叫"萌熊"。

"大家一定要来熊本玩哦!我会等着的萌!"酷MA萌出色完成了营业部长的任务,狠狠宣传了熊本一把。从某种角度看,它也为缓解两国关系贡献出了一份力呢。

看到可爱的酷MA萌为世界和平做出了贡献,我也是打从心底里高兴。酷MA萌真的有一种不可思议的力量,吵得再凶的人一看到酷MA萌,也会露出笑容。这也许是因为酷MA萌能触动我们心中最柔软的地方吧。

造访欧洲的时候,当地人也迅速爱上了酷MA萌。

我们还参加了在法国巴黎举行的第14届"JAPAN EXPO",那是欧洲最大的日本文化综合博览会。上一年度的观众人数达到了22万人次。熊本县与熊本市决定共同参展,借此机会进行宣传。

这么大的活动,怎会没有酷MA萌出场的机会呢。

酷MA萌在展会的大舞台上表演了"酷MA萌体操"。观众们都领到了印有酷MA萌图案的遮阳帽,和酷MA萌一起蹦蹦跳跳。"酷MA萌体操"的动作都很简单,不会日语也能轻松模仿,无论男女老少,都能乐在其中。

酷MA萌跳完操后,场下爆发出一阵喝彩:"Bravo!"能得到大家的认可，酷MA萌也很开心呢。

不过话说回来……为什么酷MA萌能飞越国境，得到各国人民的喜爱呢？

原因之一很有可能是——酷MA萌不会说话。

酷MA萌不会发声。要是有人笑话它有啤酒肚，它就会举起双手，表示"愤怒"。被工作人员批评的时候，它就会垂头丧气。它的喜怒哀乐，都是用肢体语言表达的。

酷MA萌想说话的时候，就会跟一旁的主持人（工作人员）咬个耳朵，让人家帮忙"翻译"一下。我也是酷MA萌的专属译员之一。

要是酷MA萌只会说日语，它恐怕就不会成为具有国际色彩的吉祥物了。就算酷MA萌去了外国，它也能请当地的工作人员帮忙翻译，不存在语言问题。

用肢体语言表现的艺术（例如舞蹈与哑剧）更容易跨越国境。在我看来，正因为酷MA萌不会说话，它才能赢得各国人民的芳心。

当然，设计出酷MA萌的水野学先生也是功不可没。

水野先生说，"受人喜爱的角色脸上，往往会有'红色的圆圈'"。好比红遍全球的哆啦A梦，它的鼻子就是个小红点，面包超人也有红色的脸颊。

所以"红脸颊"也是酷MA萌的关键所在。要是没了这两点，它也许就不会这么受欢迎了。

而且水野先生把酷MA萌设计得很简单。这也为酷MA萌的成功奠定了坚实的基础。

给酷MA萌寄信的孩子们常会在信纸上画一个酷MA萌。这正是因为酷MA萌的轮廓很简单,看一眼就能记住,随手就能画出来。无论哪个国家的孩子,都能轻轻松松记住酷MA萌的画法。这可是酷MA萌的一大优势哦。

自古以来,"熊"始终是童话故事与绘本的常客。除了见过酷MA萌的帕丁顿熊,小熊维尼的名气也很响亮。也许"熊"本就是一种容易俘获人心的动物吧。

像酷MA萌这样坐拥好几个先天优势的吉祥物恐怕不多见吧。

酷MA萌在哈佛大学粉墨登场的那一天

2013年11月,我和酷MA萌来到了美国的波士顿——酷MA萌终于要在美国正式出道啦。而且它的出道地点是我的母校,哈佛大学。

我早就想带着酷MA萌去哈佛大学上一堂公开课了。于是我就联系了我的好友,哈佛政治系教授苏珊·法。不久后,她就给我捎来了好消息。

谁知好事多磨……

哈佛大学比东大严格多了，他们对我说："不能让人以外的东西登上神圣的讲台，你就不要带酷MA萌了，光讲蒲岛郁夫的政治经济学好了。"可要是没了酷MA萌，我去美国还有什么意义啊？我再三强调，酷MA萌对这堂课必不可少。好说歹说，校方才同意我以"酷MA萌"为授课主题。

直到最后，校方还是不同意让酷MA萌登台。

为了打开局面，校方提议"在公开课刚开始的时候让酷MA萌出场两分钟"。我起初接受了这个提议，但后来转念一想，这样不行啊！我得先介绍酷MA萌的丰功伟绩，然后再把它请出来，否则就没有说服力了啊。

公开课开始前，我请苏珊教授多方协调，总算把酷MA萌的登场时间改成了"提问环节之前"。

公开课的消息一出，申请听课的学生便络绎不绝。校方原本安排的是只能容纳70人的小教室，最后改成了130人的大教室。当天还有不少人站在后面听呢。

其实这堂课的内容和东大的公开课差不多，是"酷MA萌政治经济学"的英语版。我讲完之后，就轮到酷MA萌出场了。它跟平时一样，一脸淡定地走进了教室。哈佛的学生们为它送上了热烈的掌声。

我本想稍微介绍一下酷MA萌了事，谁知教室里竟响起了"酷MA萌体操"的前奏。走出国门之后，酷MA萌依然是我行我素，丝毫没有怯场。

酷MA萌在哈佛大学依然我行我素

学生们又是拍照,又是给酷MA萌打节拍,给足了面子。做完体操之后,酷MA萌兴高采烈地退场了。

接下来就是提问环节了。

我惊讶地发现,美国的学生们很难理解"乐市乐座"的精神。毕竟美国是一个很讲究知识产权的国家,也难怪他们不懂县厅为什么要开放酷MA萌的使用权。"该赚钱时就赚钱"才是美国人的行事原则,而"靠吃亏占便宜"则是日本人特有的思路。

当时我还提到,为了重建熊本县的财政,我自降月薪100万。

大家听得一脸惊愕:"这是何必啊?"

为了加深大家的理解,我举了"宝马的酷MA萌MINI"这个例子。宝马方面表示,在店里展示酷MA萌MINI为他们带来了相当于5亿日元的宣传效果。为了答谢酷MA萌,宝马拿出了1亿日元的预算,为宣传熊本贡献了一份力。那宝马到底做了什么呢?酷MA萌MINI会在全国各地的展厅展出,而宝马在展示这款车的同时,举办了熊本特产与酷MA萌周边的特卖会。听完这个例子,在座的学生们总算明白了——原来开放酷MA萌的使用权,对熊本县也是有好处的。

还有学生问道:"我知道前一阵子酷MA萌弄丢了它的腮红,后来腮红是在哪儿找到的啊?"他大概是看到了日本媒体和Twitter对"腮红丢失事件"的报道吧。这个问题也让我深刻意识到,酷MA萌真的成了全世界的大红人。

下课后,学生们把酷MA萌团团围住,争着与它合影。酷MA萌在美国开了个好头。

在之后的几天时间里,酷MA萌造访了当地的小学、初中与高中,和孩子们打成了一片。哈佛大学的学生们表现得还比较"冷静",只是拍拍照而已,而孩子们的热烈欢迎,着实让我吃了一惊。他们提前制作了酷MA萌面具,一见到酷MA萌就大声欢呼。大伙儿还戴着面具,和酷MA萌一起做体操呢。超越人种与语言的"分享空间",就此诞生。

有个孩子笑嘻嘻地对电视台的记者说道:"我真想每天跟酷

MA萌一起玩！等我长大了，一定会去日本找它的！"

见到酷MA萌的外国人产生了"有朝一日要去熊本瞧一瞧"的想法——这正是"空战"的成果。在很多外国人看来，日本就东京、京都、奈良、大阪和广岛这几个地方可去，会来九州的外国游客寥寥无几。有了酷MA萌，也许就会有更多的外国游客冲着熊本来到日本了。

语言不通？没关系，酷MA萌够"萌"，走遍世界都不怕。这次美国之旅让我深刻体会到了酷MA萌的伟大——它能在所有人心中播撒阳光。

县厅绝不能成为"壁垒"

提起酷MA萌时，我常会用到"分享空间"这个词。

大家可能会觉得，政府部门的工作就是修路造桥（在美国，就是建造军事基地之类的设施）。这的确是政府的工作之一，但是用市民上缴的税费为大家创造出一个幸福快乐的空间，也是政府的重要职责。

企业通过与酷MA萌的合作获益，而这些企业打造出的产品与服务，又给酷MA萌的粉丝们带去了欢乐。久而久之，熊本县的认知度就会有所提升，而熊本的企业与县民也能享受到更多的利益。

以酷 MA 萌为中心，创造出一个让快乐产生连锁反应的空间——这才是熊本县厅的职责。熊本县厅绝不能成为阻碍快乐与幸福的"壁垒"，而是应该在酷 MA 萌和更多的人与企业之间牵线搭桥。

与普通的公共事业相比，酷 MA 萌的活动所耗费的成本要低得多。把税费花在酷 MA 萌身上，定能为县民带去更多的幸福，比铺设没用的公路管用多了。幸福指数如此之高的"公共事业"可不多见哦。

"腮红丢失事件"成了热点话题

酷 MA 萌的挑战从未停止过，这本书的篇幅根本不够用。不过，哈佛大学的学生提到的"腮红丢失事件"还是相当值得一提的。

这是在大阪发生的"酷 MA 萌失踪事件"的升级版。

2013 年 10 月 29 日，酷 MA 萌一如既往地登上了酷 MA 萌广场的舞台。可是在场的孩子们立刻察觉到了它的异样——"酷 MA 萌的腮红没了！"失去了腮红，酷 MA 萌就变成了一只寻常的黑熊。连小山薰堂先生都说："没了腮红的酷 MA 萌就是一只普通的熊，就和失去了思想的苏格拉底一样。"听到这话，酷 MA 萌顿时垂头丧气……

第二天,我们开设了专用的"寻腮红网站",还在东京街头派了一万张传单。涩谷人流量最大的十字路口的大屏幕上,都打出了搜索腮红的告示。

我召开了一场紧急记者招待会,呼吁大家的帮助:"酷 MA 萌的腮红丢了!这是一起前所未有的大事件。酷 MA 萌的腮红是熊本红,更代表了熊本县民的幸福。我们正在全力搜索腮红,希望各位积极提供线索!"

在这样的紧要关头,酷 MA 萌坚守工作岗位,连着三天在没有腮红的情况下参加各类活动。只是它多多少少有些不在状态,一会儿把红彤彤的番茄按在脸颊上当腮红使,一会儿又误以为远处的红灯就是它的腮红,一路狂奔,把一旁的工作人员吓得不轻。有许多粉丝通过 Twitter 给酷 MA 萌加油鼓劲:"希望你能早点找到腮红!""我女儿给你画了腮红,你就先贴上吧!"

实不相瞒,"腮红丢失事件"是旨在宣传熊本特产的企划——"熊本的红色好滋味!"的一个环节。熊本真的有很多"红色"的好东西,好比番茄、草莓、马肉刺身、褐毛和牛、鲷鱼……为了让首都地区的人记住这些特产,我们就策划了这项宣传活动。我们连最后的"噱头"都设计好了——田里、海里的红色特产,就是酷 MA 萌的腮红。酷 MA 萌吃了美味的红色特产,脸颊上的腮红就掉下来啦[①]。

---

① 在日语中,"ほっぺたが落ちる(脸颊掉下来)"是形容"好吃"的固定搭配。

11月2日,我们公布了事件的真相。我又召开了一次记者招待会,为我们引起的骚动向公众致歉。

我们还将和"骚动"有关的视频传到了网站上。截至目前,视频的点播次数已经突破了438000次。视频中有这样一个桥段:我为了找酷MA萌的腮红,把自己搞得筋疲力尽,和职员一起倒在知事办公室打瞌睡。就在这时,电话响了。我接起电话一听……"什么?找到酷MA萌的腮红了?"在视频的最后,我也在脸上贴了两片腮红,带着酷MA萌与Suzanne小姐,和县民们一起跳起了舞。

有些粉丝误以为酷MA萌真的把腮红弄丢了,急得打电话到县厅来询问详情。看来县民们是真的很疼爱酷MA萌。

根据我们的计算,这次活动产生了9亿6000万日元的广告效应。虽然活动持续的时间不长,但效果相当显著。

这也是我反复强调"摔盘子"的成果之一。

"摔盘子"——不断挑战的日子

政府部门的工作是"管理、限制与指导"。在开展工作的过程中,"平等、持续与统一"是最重要的三个关键词。在这样的组织文化中,力推"红色"是一次巨大的冒险。

在九州新干线开通之前,县厅也就"熊本的主题色"进行过讨论。红色、蓝色和绿色是摆在我们面前的三个选项。可是主题色不能有三种啊……

有人说:"红色能让人联想到阿苏火山,不是挺好的吗?"也有人说:"可是熊本的特产灯心草是绿色的呀!"还有人说:"天草的海多美啊,用蓝色也不错啊……"要是把主题色定为红色,力推褐毛和牛吧,畜牧业的负责人就会皱起眉头:"那黑牛要怎么办啊?牧场的人会误会政府对褐毛和牛偏心的。"要冲破重重阻力,只用红色,只推红色的特产,需要极大的勇气。

还有职员认为,没有腮红的酷MA萌的"冲击力"太大了,让它亲自出现在公众面前着实不妥,不如只做视频传到网上。就连策划这场宣传活动的宣传课都打起了退堂鼓:"这么做会不会伤到酷MA萌粉丝的心?他们会不会有上当受骗的感觉啊……"

但是职员们经过反复探讨,还是决定放手一搏,为了向首都地区的人们宣传熊本的魅力挑战极限。他们还咨询了村田信一副知事的意见。副知事也很中意这个点子,鼓励道:"这个企划很有意思嘛,一定会成功的,你们尽管去试吧!"

本书开头提到的"在陛下面前跳酷MA萌体操"的企划,也有人提出过反对的意见。和宫内厅[①]打过交道的职员也表示:"哪能让酷MA萌在陛下面前跳舞啊……"但是副知事非常支持这个企划。最后拍板的人是我:"这是让两位陛下爱上酷MA萌

[①]日本负责皇室相关事务的政府部门。

的好机会,就让酷MA萌去试试吧!"

无论做什么事,都一定会有"赞成"与"反对"这两种意见。要是你因为惧怕反对意见,止步不前,或是一心想把一碗水端平,不敢放手去做,那就永远都不可能做出成绩来。要的就是不惧风险、不断挑战的"摔盘子"精神。挑战精神之所以能在县厅逐渐扎下根来,酷MA萌功不可没。

打造百年吉祥物

在熊本县诞生的酷MA萌在短短三年时间里取得了超乎想象的成功。不过,一切才刚刚开始。

我和县厅的职员们都有一个远大的目标——将酷MA萌打造成米老鼠那样的"百年吉祥物",永远为人们所喜爱。

2013年10月号的《促销会议》杂志做了一期"酷MA萌特辑"。

特辑中有一篇文章,专门分析了米老鼠、凯蒂猫和酷MA萌的认知度与好感度。

调查结果显示,酷MA萌的认知度与好感度都毫不逊色于米老鼠与凯蒂猫。男性消费者对酷MA萌的好感度和商品欲求度居然超过了凯蒂猫。酷MA萌在初中生与高中生中的好感度甚至超过了米老鼠,名列第一。女性消费者虽然还是更偏爱米老鼠和凯蒂猫,但酷MA萌的表现与它们不分伯仲。

面对全球最著名的两个吉祥物，酷MA萌也能有如此出色的表现。

所以我们觉得，把酷MA萌打造成"百年吉祥物"绝非痴人说梦。

米老鼠有迪斯尼乐园，凯蒂猫有三丽鸥彩虹乐园。也许有朝一日，我们也能为酷MA萌开一个"熊本乐园"呢。

要成为"百年吉祥物"，就必须先成为国民吉祥物，赢得男女老少的喜爱。当那些钟情于酷MA萌的孩子长大成人的时候，他们一定会给自己的孩子买酷MA萌的周边。这样的良性循环一旦成立，酷MA萌文化就一定能代代相承。

不过要实现这个大目标，就要不懈努力，让酷MA萌永远保持一定的新鲜感。

"热潮"一般都是暂时性的，来得快，去得也快。

我们不得不说，酷MA萌的人气还处于"热潮"的延长线上。所以我们要想方设法确立"酷MA萌"这个品牌，防止它"降温"。

为此，我们将酷MA萌推向了大阪、全国，甚至是国外，还动足了脑筋，为粉丝们提供各种新鲜的话题。

自不用说，"熊本惊喜"就是这一切的起点。不断挑战新惊喜，正是酷MA萌的行为准则。

也许我们会让酷MA萌去外国留个学，促使它进一步"进化"。比如，让酷MA萌去迪士尼乐园留学，也能让它收获宝贵的经验吧。

说不定啊，酷MA萌会冲出地球，飞向宇宙……飘浮在宇宙空间站，和粉丝们打招呼。

那会是一幅多么美妙的画面啊！

小山薰堂先生曾对我笑道："活跃在世界大舞台上的酷MA萌衣锦还乡，五万粉丝来到机场接机——要是事情发展到这个地步，岂不是很有意思吗？"

听到这话，我便立刻想象出了那五万粉丝的笑容。

有位职员说过一句很有意境的话："酷MA萌的工作，就是播撒幸福的种子。"

而它播下的种子已经在世界各地发芽了，还吐出了硕大的花苞。

当这些花苞绽放的时候，酷MA萌一定已经成了诞生于熊本的世界级吉祥物。别说是一百年了，到了那个时候啊，它能火上两百年都不奇怪。

为了实现这个目标，我、县厅职员和酷MA萌每天都在辛勤地播种耕耘……

副知事日记②

又当阿助又当阿格

蒲岛知事第一天来县厅上班时,我也跟着他一起进了县厅。大堂里挤满了职员与记者,气氛十分火热。不过蒲岛知事还是一如既往,没有表现出太多的激动。在就职典礼上发表演说时,他的语气也非常稳重。

当时,我担任的职务是"政策调整参赞"。我成了县厅的客座职员,以"自由人"的身份协助知事完成各方面的工作。

所以我就像是电视剧《水户黄门》里的两个小跟班阿助跟阿格一样。不过我掏不出金光闪闪的印盒①,也没有三头六臂,只能当蒲岛知事的手足与耳目,替他去各处视察,搜集信息。

蒲岛知事给了我一本叫《总统首席助理》(东洋经济新报社出版)的书,说道:"希望你能效仿书中的总统助理。"

他给我下达的指示就这么点。在东大教书的时候,他就是一个"不给答案,不强制学生做这做那"的老师,所以我没有任何的不适应。从第二天起,我就开始自己找活干了。

熊本县厅的主页上设有"知事信箱"专栏,供县民提出各种和县政有关的意见与建议。我把信箱收到的投诉与政策提议过了一遍,

---

① 《水户黄门》每一集都有的经典桥段,小跟班阿格掏出印盒一声大喝:"你可识得此纹!"

并一一联系了那些投稿人，上门了解了他们的意见。

我选择的都是"逆耳忠言"，因为我不想让知事变成《皇帝的新衣》里的皇帝。我听取了县民们的心声，并将他们的意见转达给了知事。

我在做参赞时经历了许许多多，但"东日本大地震援助工作"给我留下了最为深刻的印象。

平时从不提要求的知事给我下达了一条指令："我不想给县厅的其他职员造成太大的负担，你能不能帮我去一趟灾区啊？"于是我就和两个人事课的年轻职员一起，开着面包车，带着食品、睡袋等救援物资，从熊本一路开到了宫城，路上整整花了两天。

我虽然通过电视画面看到过灾区的惨状，可是当我亲自来到那里时，眼前的景象还是让我大受打击，连一句话都说不出来了。房屋被海啸冲走了，底朝天的车随处可见，倒灌的海水也没退……

我在灾区参加了挖淤泥、搭建避难所、发放慰问金、办理延期纳税手续等工作。到了晚上，就在图书馆里铺两层纸板箱对付一下。我在灾区待了两个星期，直到蒲岛知事让我回去，我才把任务托付给第二批来赈灾的职员，回到了熊本。这段经历为我提供了近距离关注灾区的机会，我会铭记终生。

蒲岛说：希望你能效仿书中的总统助理

这章讲的是蒲岛知事来到熊本之后进行的改革萌。

我们的口号是,『**摔盘子**』!

大家要是有空,也摔摔盘子吧。

说不定这样就能让**全日本恢复元气了萌**?!

我成为熊本县知事的那一天

中国在 2008 年举办了北京奥运会,而贝拉克·奥巴马也在那一年当选了美国总统。

那年的 4 月 16 日,我在熊本县厅地下的大会议室登上了讲台。那正是我就任熊本县知事的日子。

会议室里挤满了县厅的职员们,气氛十分火热。有人眼中写满了期待,也有人带着惴惴不安的表情。

这也是在所难免……

我的前任潮谷义子女士当了八年的知事。眼看着第二个任期就要结束了,她突然宣布不参加竞选。我只准备了三个月,就匆匆忙忙投入了选战,并成功当选。最要命的是,我的上一份工作是"东大的教授",算是半路出家。所以我没什么知名度,肯定有不少县厅职员在纳闷:这人到底是什么来头?

我在竞选时提出的政策纲领涉及了"重建熊本财政"的问题。"新上任的知事会不会降我们的工资啊?""说不定我们再也没法像以前那样开展工作了……"职员们会有这样那样的担忧也是人之常情。

我环视到场的职员们，说出了我的开场白："从今天起，我会和大家一同努力，携手实现'熊本梦'！尤其是在场的各位干部，我殷切地希望，你们能与我一起跑完这场长达四年的马拉松，为实现县民的梦想奋勇拼搏！"

接着，我阐述了自己的三个决心。

第一，我要最大程度激活熊本的潜力。

熊本这片土地上蕴藏着无限的潜力。我们有阿苏、熊本城等名胜古迹，还有宜人的气候与美丽的海景。丰富的地下水资源与灿烂的饮食文化也是熊本的卖点。战国时代的加藤家与江户时代的细川家为熊本带来了厚重的历史积淀。若能充分利用这些资源，熊本就一定能更上一层楼。

人们往往会用县民生产总值（也就是"钱"）衡量一个县是否幸福，是否富裕。但是在我看来，从今往后更为重要的是"县民幸福总值"。泡沫经济崩溃后，日本的地方城市一蹶不振，而出自自民党的前首相小泉纯一郎倡导的"市场原教旨主义[①]"存在一定的局限性。县民过得幸不幸福，不能光用"金钱"指标衡量。品格、骄傲、梦想、安全安心……我想把这些元素也变成熊本县民的幸福之源。

第二，为了把熊本建设得更好，我要群策群力，对种种课题发起挑战。

[①]指市场可以自动恢复平衡，不需政府以任何方式进行干预。

我一贯认为,"梦想就在逆境中。现在的处境越糟,未来的可能性就越大"。我上任的时候,熊本县的债务高达11000亿日元。再这么下去,熊本就会成为第二个夕张市[①]。我们不得不说,熊本县的处境极为艰难。

但是,只要拿出积极乐观的态度,想方设法克服这些问题,等待着我们的就是美好的未来。我想用这种乐观的思路,对县政进行大刀阔斧的改革。

第三,我要站在县民的角度上看问题。

县政府最宝贵的财政来源,就是县民缴纳的税费。所以我们必须合理分配、合理使用这些税费,为县民谋幸福。

我向职员们呼吁:"我们应该为'官僚做派'画上句号。我希望每一位职员都能主动思考,主动采取行动。不要动不动就抱怨国家,觉得我们熊本是比上不足比下有余。我还希望大家能把'我'这个人充分利用起来。我不是个喜欢自夸的人,但我能拍着胸脯告诉大家,我手上还是有一定的人脉的,其中也包括国外的人脉。在招商引资、振兴熊本的产业经济、激活地区活力的时候,请大家千万不要客气,尽管来找我。我一定会尽力满足大家的要求,站在推销熊本的第一线。"

"蒲岛县政"从那一天起步。而我的这一段话,也成了"蒲岛县政"的象征。

---

① 2006年7月,夕张市政府宣布破产,成为日本第一个破产的城市。

给部下的指示就是"摔盘子"

刚上任时,我在和职员们打交道的过程中意识到,统治着熊本县厅的是"谨小慎微、一心求稳"的文化。无论我提出什么点子,职员们都会回答:"这不好办啊……"

为什么不好办呢?

"因为没有先例。"

"国家应该不会批准的吧……"

"其他县没有做过这种事……"

这就是他们给出的理由。

这么束手束脚的,还怎么挑战新事物啊!

我意识到,县厅的每一位职员都很优秀,都有出众的能力,可他们太惧怕风险了,什么都不敢做。但他们都有一颗想为县民做贡献的心,只是制度不允许他们自由发挥罢了。

只做中央政府交待的事,向其他县看齐……这种文化难免会在县厅生根发芽。然而,过于依赖国家,就无法实现地方的自立了。和其他县"统一步调",各项政策就不会有个性。

要改革,就得拿出"争当先锋"的气势来。在着手解决问题之前,我必须先把职员的思路扭过来。

所以我上任之后反复强调,"不要老想着'这事没法办',要开动脑筋思考'怎么做才能把事情办成'"。

"摔盘子"这三个字,就是这场"意识改革"的绝佳体现。

我的话真的打动了职员们。如果我当时说的是"不要惧怕风险",职员们不一定能听进去,因为这话太抽象了,让人摸不着要领。但"盘子尽管摔,责任我来担"这句话就很具体了。

我一遍又一遍对大家说,作为知事,我洗的盘子必须是最多的。所以我希望大家也能放开手脚,尽管去摔盘子,摔碎了有我收拾!

功夫不负有心人,职员们逐渐养成了在会议上发表见解的习惯。如果我表示反对,他们就会调整提案,找机会再提上来。主动思考、主动行动的职员也是越来越多了。

传统的县厅文化对职员们产生了莫大的影响。扭转他们的思路绝非易事。但只要有越来越多的人鼓起"摔盘子"的勇气,就由不得你不改变了。

在我开始强调"摔盘子"之后,县厅的气氛都和以前大不相同了。

"这样的提案肯定会被枪毙的……""只要照老方法办就行了……"在我就任之前,很多职员都"想开"了,心都死了。而我做的就是告诉他们,只要怀着坚定的信念,果断采取行动,就一定能改变现状——让职员们重新拾起梦想,正是改革县厅的第一步。

"决断政治"的第一步

新官上任的第一天,我一走进知事办公室,坐上办公椅,就把一份名单交给了职员。

名单上写着好几位有识之士的名字。那是我为"川边川水坝问题委员会"选定的委员。早在四十多年前,政府就制订了建设川边川水坝的计划,但是因为当地居民的强烈反对,项目始终处于停滞状态。

我在竞选公约中明确表示,要在上任后的半年内解决川边川水坝问题。

潮谷前知事也召开过好几次居民会议,希望能解决这个问题。她对建设水坝一事持谨慎态度,无奈熊本县议会有七成席位归自民党所有,而自民党对水坝持肯定态度。直到她卸任的时候,县厅依然没有明确问题的处理方针。

水坝不光是一个县的问题,还在公共性、预算等层面上反映了国家的政策倾向。话虽如此,政府也必须把本地居民的想法放在第一位。为了百年后的子孙,我们也要充分考虑到水坝对自然环境的影响。

一般情况下,新上任的领导不会立刻着手处理这样的"大问题",而是会等个一两年再说。

但我早就下定了决心——只要县民选择了我,那我就一定要在刚上任的半年时间里得出一个明确的答案。我觉得,这就是县民赋予我的使命。

从"当选"到"就任",中间有两周左右的时间。于是我就趁机联系了在东大与筑波大学结识的朋友,请他们助我一臂之力。

最后,我请到的委员有:东京大学公共政策大学院①院长金本良嗣先生、气象厅气象研究所气候研究部部长鬼头昭雄先生、东京大学大学院农学生命科学研究科教授鹫谷先生、东京工业大学大学院理工学研究所教授池田骏介先生、独立行政法人农业环境技术研究所理事长佐藤洋平先生、独立行政法人森林综合研究所理事长铃木和夫先生、东京大学大学院农学生命科学研究科教授铃木雅一先生、东京大学公共政策大学院教授森田朗先生。国家的审议会都不一定能凑齐这么豪华的阵容呢!

其实把名单交给职员时,我已经征得了他们的同意。下一步就是让职员去协调日程,尽早召开会议。

我为什么要给自己设定"半年"这个时限呢?因为我在哈佛学习的时候上过理查德·诺伊施塔特教授的课,名为"总统制"。他在课上告诉我们,一位总统能否取得成功,关键在于上任后的头六个月。

要是我上任之后再跟职员开会讨论人选,半年时间一眨眼的工夫就过去了,所以我才会提前确定人选。

---

① 日本的大学院相当于中国的研究生院。

砍掉100万日元的工资

新官上任后的"第二把火",就是办理自砍100万工资的手续。

我在竞选演讲和就任演讲上都明确表示,要把自己的月薪降到每月24万日元。当领导的就该"以身作则"。而且我认为,只有自砍工资,才能让职员和县民们切身感觉到"熊本正面临着严重的财政危机"。

县议会将在一星期后召开。我必须在那之前构思出用于砍工资的条例。

这件事背后还有个小插曲呢。

写竞选纲领的时候,我心想:"要砍这么多工资,总得先和家里人商量商量吧……"于是我就打了个电话给身在东京的妻子富子。

"我正在写竞选纲领来着……我想把自己的月薪砍掉100万,你觉得怎么样?"

听到这话,富子顿时懵了,在电话那头一声不吭。

"你觉得怎么样嘛?"

"这……100万也太夸张了吧……砍个两三成不行吗?"

"那样多没冲击力啊。"

"那……要砍多久啊?"

"四年吧。"

"你是不是傻啊!我们在东京的公寓还有房贷哎,每个月要还16万啊!你干脆别竞选什么知事了,赶紧回东京来吧,否则全家都要被你逼死了!"

我是个很少动怒的人。见妻子如此反对,我也没有和她争论,而是默默放下了听筒。

过了一会儿,我又给她打了个电话,问道:"要是只砍一年呢?"

富子很是不情愿地说:"一年的话……大概还能靠积蓄撑下来……"

我好容易挺过了蒲岛家的离婚危机与财政危机,成功砍掉了100万工资。

在县议会上,我不仅要求自砍工资,连奖金都不准备要了。谁知议员们表示:"知事,奖金您就拿着吧,砍工资就够了。"于是我就恭敬不如从命了。

所以在我刚上任的那一年里,我的月薪就只有24万日元[①]。

问题是,所得税是按上一年度的收入计算的。所以我的税后工资就只有14万。

富子真不愧是我的贤内助。咬牙点头之后,她节衣缩食,拼命节省开支。要是没有她,我绝对熬不过这一年。

我的努力没有白费。我在第一个任期(四年)里为熊本县节省了4000万日元(其中也包括了我的退休金)。

我每个月的交际费也控制在数万日元以内(大家可以在县政府的主页上找到明细单),有些月份居然连一分钱都没花。在

---

① 和日本应届毕业生的工资相当。

东大当教授的时候，演讲与出版所得都是可以自由支配的，所以那时我有不少零花钱可用。可是我现在花的每一分钱都是县民的血汗钱，所以我必须把钱用在刀口上。从政之后，我的生活反而比原来更俭朴了。

怀着梦想，用乐观的态度重建财政

福岛让二先生就任知事的时候，熊本县有868亿日元的存款和6519亿日元的债务。如果将熊本县比作一个家庭，那这个家庭就需要想方设法节省开支，以便尽早偿清债务。

然而，为了应对泡沫经济崩溃后的大萧条，中央政府与熊本县采取了种种措施，导致熊本县的债务总额超过了1万亿，存款则骤减至56亿日元。

为了重建财政，潮谷前知事采取的方针是"尽量不花钱，不让债务进一步增加"。她的措施收获了一定的效果，存款额也一度回升至162亿日元。

可是在我上任的时候，熊本的存款又只剩53亿了。这是受了小泉纯一郎内阁推行的"三位一体改革"的影响。内阁削减了补贴地方的"国库补助负担金"与"地方交付税"[①]，所以县政

[①] 交付地方的税款，相当于中央下拨的款项。

府就只能动用存款了。

债务总额创下新高,存款又寥寥无几……在这种状态下启动的"蒲岛县政"的第一要务,就是重建熊本县的财政。

问题是,要是我们为了还债,一味节省开支,无论是县厅还是整个熊本县都会变得死气沉沉。人走关灯、打印纸的正反两面都要用、电梯只开一半……换做别人,一定会从这种身边的小事"砍"起。但我没往这方面动脑筋——我可不希望职员们总是眉头紧锁,想方设法省钱。这也太惨了!

用积极乐观的态度重建财政。这才是"蒲岛县政"的命题。为此,我给自己制定了三条大原则:

1. 从我做起。
2. 不搞特殊,一碗水端平。
3. 让大家看到隧道尽头的风光。

先看第一条。我刚才也说了,我大幅降低了自己的工资。

其实我本不想让职员们陪我一起吃苦。毕竟他们也要养家糊口,不能随随便便砍他们的工资。

然而,熊本县的财政状况真的很严峻,不砍不行了。于是我决定把降幅控制在最小的范围内,普通职员只降3%(干部降5% ~ 7%)。我把这个数字报给工会的委员长时,委员长也表示了理解,点头同意了。

再看第二条吧。在调整划拨给各大团体的补助时，我连"国际农友会"的补助（每年24万）都砍了。

国际农友会是由结束了海外学习的农业培训生与实习生组成的团体。多亏了他们的大力支持，我才能成功当选知事。我年轻时也以"农业培训生"的身份去美国进修过。正因为有这层缘分，我才能结识国际农友会的朋友们。

听说补助被砍，国际农友会的负责人立刻找上门来责问我："你竞选的时候，我们帮了你多少忙啊！你怎么能砍掉我们的补助啊！"他不来找我，我还真不知道农友会的补助也被砍掉了，心中暗暗吃惊。

如果我回答："太不好意思了，是我们的职员搞错了，我这就让他们改过来！"

这件事恐怕就能"圆满收场"了。

但我要是为农友会搞了特殊，那就是偏袒了"自己人"。我口口声声说要重建财政，连职员的工资都砍了，岂能在这个紧要关头徇私？很多政治家就是因为"以自己的利益为重"，永远失去了国民的信任。

我虽然很为难，但总不能违背县厅制定的方针吧？千里之堤，毁于蚁穴。有一个特例，"公平公正"就不复存在了。

"我们之所以做出这个决定，也是为了重建熊本的财政。我已经自砍工资了，再砍掉'自己人'的补助，就能让职员和县民们感觉到我的决心了。能不能请咬咬牙，坚持一下啊？"

我这么一劝,国际农友会的负责人就理解了我的一片苦心。

正因为我对"自己人"一视同仁,其他被砍的团体没有怨声载道。我们在三年里省下了132亿日元左右的开支,在重建财政的道路上迈出了一大步。

而且这一系列的举措都向县民们释放了这样一个信号:"蒲岛县政绝不是一切向钱看!"打那以后,县民们就更信赖我们这届政府了。

第三条大原则,就是"让大家看到隧道尽头的风光"。

我常在竞选演讲中强调:"我想把熊本打造成一个人人都有梦想,人人都能过上幸福生活的地方。"也许有人会笑我是痴人说梦,但是当领导的,一定要让民众看得到希望。

"熊本县的财政状况很严峻,让我们一起克服难关吧!"这么说固然没错,但县民绝不会买你的账。

无论你说的话是积极还是消极,改革的内容都是一样的。但你若能把"梦想"转化成明确的语言,和大家共享明日的希望,职员与县民的心态就会产生变化。我坚信,心态好了,经济自然会有起色。毕竟"景気(景气,即经济形势)"里的"気",就是"気持ち(心态、心情)"里的"気",两者之间有着千丝万缕的联系。

代入"自掏腰包"的视角,特意买二手货

"购买二手货",就是积极的财政重建政策的重要组成部分。

我这辈子从没买过新车,一直开着二手车,所以我觉得"买二手货"是一件再正常不过的事情了。谁知,当我向职员提出这个建议的时候,职员顿时犯了愁:"啊?!这哪儿行啊……"

熊本县到底要买什么呢?不瞒您说,那时我们需要引进一台龙门起重机。

龙门起重机是架设在港口的起重设备,用于装卸集装箱。也许是因为"熊本"的名字里有个"熊"字吧,大家总会把熊本和"山"联系在一起,其实有明海、八代海和天草滩都属于熊本。

所以熊本也有供货船与客轮停泊的港口,是一座海上贸易基地。

县厅的负责人做梦都想采购一台龙门起重机装在港口。因为有了起重机,熊本就能出口精密仪器了,这对港口的发展至关重要。

据统计,有九成需要出口集装箱的熊本企业不得不把货品送到博多港去。县厅是多么希望大家能用本地的港口啊,无奈囊中羞涩,无法升级设备……

一台新的龙门起重机要 10 亿日元。

于是我就提议,既然新的那么贵,那就买二手的吧!

谁知职员们立刻面露难色:"从长远角度看,还是新的比较

好……""二手的会不会立刻坏掉啊……"也难怪,毕竟政府部门没有"买二手货"的思路。

但我没有让步,而是反问他们:"就算是二手的,只要能正常工作不就行了吗?"如果是你自己要买这个东西,你会选择价格高昂的新品,还是实惠的二手货呢?采购大件的时候,一定要设想一下:"如果让我自掏腰包呢?"这样才能做出正确的判断。

于是乎,我们就开始物色二手起重机了。

不久后,我的朋友铃木与平社长(我们都管他叫"铃与社长")就给我提供了一条小道消息:静冈县清水港有一台1973年安装的起重机,正闲置着呢。我就联系了静冈县的川胜平太知事,开门见山地问他:"静冈县能不能把这台起重机转让给我们啊?只是……我们手头不宽裕……"对方也理解了我们的难处,开了个非常实惠的价格:税前100万。加上消费税,总共才105万。当然,翻修和运输的费用要另算,但是和买新的起重机相比,这笔支出已经相当小了。

买到起重机之后,熊本县厅就成立了一支销售部队,大力推销我们的港口设备。

我们的努力立刻有了回报。引进起重机后不到一年,港口的国际集装箱吞吐量就直线飙升,增幅创下了新高。我们还把开往韩国釜山的集装箱船增加到了每周两班,所以有不少企业把出口基地从博多港搬回了熊本。

以千分之一的价格购买的龙门起重机

从今往后,熊本港一定会越来越热闹。

要是大家有机会来熊本港,千万别错过那座105万的龙门起重机哦。

挑战"全球重要农业文化遗产"

也许是因为我总是苦口婆心鼓励大家"摔盘子"吧,大胆挑战的文化好像在县厅扎下了根。

一天,农林水产部提出了一个点子:"阿苏要不要试试看申报'全球重要农业文化遗产'啊?"

大家都知道"世界遗产",但听说过"全球重要农业文化遗产"的人应该不多吧。

全球重要农业文化遗产是FAO(联合国粮食及农业组织)在2002年推出的项目,旨在保留传承贴合地区环境的传统农业手法、生物多样性与农业景观。目前全世界共有二十五处农业文化遗产,分布于十一个国家(日本有五处)。

提起阿苏,大家都会联想到一望无际的草原与牛群。阿苏的草原之所以肥美,靠的其实是"烧荒"。烧草地难道不会破坏环境吗?也许有读者会产生这样的疑问。殊不知,火能消灭螨虫等各类害虫,还能抑制树木的生长,是维持草原景观的有效方法。

熊本特产褐毛和牛吃的就是烧荒后长出来的嫩草。熊本的牛以放养为主,而牛的排泄物能转化为堆肥,滋养农田,培育出大米和各种蔬菜……阿苏自古以来走的就是"循环型农业"的路线。

率先提出要让阿苏申报农业文化遗产的人,是在熊本经营"地产地消型"①意式餐厅的宫本健真先生。他和伙伴们还说服了县厅与他们一起努力。这种"从民到官"的事例还是相当少见的。

---

① 即当地生产、当地消费。

然而，当FAO的官员来实地考察时，接待人员用的都是千篇一律的说辞，而且一味强调"烧荒"……FAO秘书长很不客气地说："会烧荒的国家有得是。"而且我和其他市町村的领导都没有到场，也给官员们留下了不好的印象。

再这么下去，阿苏就要落选了！农林水产部的职员们不得不重新思考对策。

去罗马的FAO总部参加报告会时，我们不仅请宫本先生上台发言，还邀请了移居阿苏务农的大津爱梨女士。小野泰辅副知事与农林水产部的负责人自然也登台演讲了。我们还在演讲内容上狠下功夫，突出了阿苏的农业在世界农业史上的价值，获得了评委们的一致好评。

换做以前，职员们一旦意识到当选的希望渺茫，就会选择放弃。因为大家都有其他工作要忙，一时半刻选不上也不会被人责怪。

但我们的职员选择了"前进"。我没有下达任何指示，一线的职员们就自己解决了问题，扭转了局面。这正说明他们养成了自主行动的好习惯，摆脱了以限制与管理为中心的官僚做派。

我也参加了最后一轮报告，用英语发表了演讲。功夫不负有心人，阿苏成功入选农业文化遗产。当时距离项目启动还不足一年。一听到评审结果，我就与一旁的伙伴们紧紧相拥，小野副知事还流下了激动的泪水。

职员们的工作效率与热忱让我自愧不如。我真是没白说那

在农业文化遗产的最后一轮报告中进行演讲

项目启动不足一年,阿苏就成功入选了

么多遍"摔盘子"啊!

我为何大胆宣言"在半年内就川边川水坝问题做出决断"

在我进行的一系列改革中,"川边川水坝"称得上是最大的难关。

不住在熊本的人可能都没听说过这座水坝。实不相瞒,要是算上仍处于建设、调查阶段的项目,全日本共有 2703 座水坝。各位读者生活的地区应该也有水坝。无论水坝的规模是大是小,都存在和川边川水坝类似的问题。

民主党当政时炒得火热的"八场水坝"就是个典型。2009 年,民主党宣布中止八场水坝的建设计划,却遭到了相关地区与已经搬家的居民的强烈抗议。经过反复争议,通过了检验手续的工程重新启动。我们也能通过这个例子看出,公共事业一旦被敲定,就很难再喊停了。

熊本县原计划在五木村下游的相良村建设川边川水坝。水坝建成后,五木村的中心地区会完全被水淹没。

五木村位于熊本县南部的山区,距离熊本市有两个多小时的车程,为海拔一千米的群山所环绕。我们甚至可以说当地居民就生活在美丽的大自然中。川边川是球磨川的支流,水质清澈,盛产香鱼。

五木村目前的人口仅为一千二百余人，但是在1955年前后，村里还有六千多位居民。然而1989年之后，人口便始终没有突破过二千人。水坝的建设计划也在某种程度上加快了居民的流失速度。

川边川水坝的建设计划始于1966年。

那时球磨川流域连下了三年暴雨，山体滑坡与洪水频发。据说这就是政府决意建设水坝的契机。

水坝不仅能在洪水暴发时拦住上游的水，起到调节下游水量的作用，还能将河水转化为自来水与农业用水，同时利用落差发电。川边川水坝也有防洪、确保农业用水、发电等各项功能。

水坝一旦建成，五木村的中心区域就会被水淹没。所以五木村与相良村立刻表示了反对。但周围的村落对水坝持肯定意见，这就意味着两座村子不得不相依为命，共同对抗国家与熊本县。村民的反应尤其激烈，他们甚至提起了诉讼，要求县政府收回成命。

这两座村子的支柱产业是林业。然而，林业在不断衰退，居民人数也是一天少过一天。甚至有村民受够了旷日持久的反对运动，转投赞成建设水坝的阵营。在经济高速发展期[①]，全国各地都大搞公共事业，五木村也铺设了公路。自那时起，五木村就对公共事业产生了依赖性。

---

① 20世纪50年代中期至1973年石油危机，日本的年经济增长率都超过了10%。

村人分成正反两派，争论不休。选择离开的人也不在少数。

经过二十多年的斗争，五木村终于在1996年通过了水坝主体的建设计划。水坝建成后会被淹没的民宅与学校被全部拆除，众多居民不得不移居他处。

谁知几年过去之后，住在下游的一部分农户表示："我们不需要水坝的水！"后来，865位农民一纸诉状，将中央政府告上了法庭。

以确保农业用水为目的的水利事业需征得三分之二以上受益农户的同意才能开工。但生活在川边川水坝的一部分农户并不缺水，所以他们对水坝的建设大加反对。农林水产省虽然在项目启动伊始征集到了大量的同意签名，但很多签名的人已经亡故了。经法院裁定，有效签名不足所需人数的三分之二，因此在2003年，法院判决原告方胜诉。

不仅如此，人们对支持"水坝有必要"的根据也产生了疑问。

政府本以为，球磨川在1963年到1965年频频泛滥，造成了大量的伤亡，所以才会制定建设水坝的计划。然而，真的死于洪水的被害者仅有一人，其他人都是因为山体滑坡和房屋倒塌去世的，与"河水泛滥"毫无关系。在之后的四十多年中，球磨川的泛滥也没有造成任何伤亡。

事实浮出水面后，居民们就越发怀疑建设川边川水坝的必要性了。

屋漏偏逢连夜雨，施工单位之一电源开发株式会社宣布退出该计划,导致水坝主体迟迟无法开工。

就在川边川水坝项目完全搁浅的时候,我就任了熊本县的知事。

竞选时,其他候选人都明确表示"我反对建设水坝"。但我没有表明立场,只说"我会在上任后的半年内做出决定"。所以有许多人认为我是赞成水坝计划的。

而且我虽然是以无党派人士的身份参加了竞选,但自民党县议团给了我极大的支持。也难怪大家会认定我和力推水坝的自民党是一丘之貉。

我之所以没有明确立场,并不是为了观望形势。我只是觉得,没有去现场仔细勘察过,就无法做出准确的判断。

经过数十年的争论,许多村民不得不为了水坝放弃故土。一想到大家心中的悲痛与无奈,我就无法轻易说出"反对"二字了。在竞选期间,我亲自走访了五木村,和当地居民进行了沟通。这段经历也越发巩固了我要妥善解决这个问题的决心。

无论是继续建设,还是中止计划,都一定会有人获益,有人吃亏。

怎么做才能将熊本的县民幸福总值最大化呢?

我必须以县民的幸福为标尺,谨慎地做出判断。

倾听居民的心声

在我上任的一个月后（5月），我们举行了川边川水坝第三方委员会的第一次会议。

从5月到8月，我们一共开了八次会。还去五木村实地考察了一番。

第三方委员会一般都由推进派与反对派的代表组成，但讨论得出的结果，往往就是研讨会组织者想要的结果。

当然，我之所以召集这些有识之士，并不是为了将自己的意见正当化。

我请来的专家，都是能从客观角度分析"川边川水坝是否必要"的人。他们与水坝没有任何利害关系，所以才能进行深层次的讨论。

我不仅去实地考察过，还组织当地居民和我们进行沟通。每次机会都有二十多位居民参加。大家一一来到我面前，拿起话筒，阐述自己的意见。

"一下暴雨，政府就会让我们去避难。希望你们早点把水坝造好，确保这片地区的安全。"

"球磨川是大自然的宝库。要是造了水坝，河川就会遭到污染，香鱼就活不下去了。"

有人赞成，也有人反对。还有人说得滔滔不绝，嫌发言时间不够用呢。

已经为水坝搬家的居民如此说道:"我们究竟是为谁做出了这么大的牺牲?想当年政府的人每天晚上都要来居民家里做思想工作,可事到如今,你们还在讨论'要不要建水坝'!那我们岂不是白白受罪吗!"

"政治"本该为县民的幸福服务。可我见到的赞成派与反对派都是闷闷不乐,而且他们已经完全不相信政府了。一想到村民们受的苦,我心里也很不是滋味。

当委员会的成员前往实地考察时,来自荷兰的委员会顾问迪克·布朗先生表示:"人吉市①的居民如果还想在川边川水域生活,那就需要建设水坝。"

这番言论激起了尖锐的反对意见:"布朗先生才去考察了两天,就在记者招待会上宣布'川边川水坝是必要的'。他的发言固然令人吃惊,但更令人惊讶的是,在竞选时表示中立的知事对布朗先生赞不绝口,还说'他丰富的学识让我深感佩服'。知事的竞选公约真的不是在愚弄选民吗?他其实是水坝推进派吧!"

我从小就不喜欢与人争吵,平时也会想方设法避免与人冲突。但这件事让我深刻意识到,当了知事之后,我必须直面这样的批判。

我决定广泛征求县民的意见(县民也可以通过书信发表意见),倾听大家的心声。

---

①熊本县最南端的城市,位于球磨川流域。

当然，熊本县议会的意见也很重要。

县议会的席位有四分之三以上属于自民党与公明党，而这两个党派都站在推进水坝建设的立场上。民主党与无党派议员的态度就比较谨慎了。议员们不仅在议会中进行了讨论，还在会场外进行了多次沟通，但局势没有任何变化。自民党依然力推水坝，而在野党则认为除了水坝还有其他选项。

痛感"高层的决断"有多难

我计划在9月公布我的决定。就在这时，国土交通省的九州地方整备局长找上门来了。中央政府显然也对水坝持肯定意见。国土交通省还制作了推介资料，介绍了川边川水坝项目的来龙去脉，还详细说明了水坝主体和下游地区需要怎样的整修。他们还表示，水坝不仅能防治洪水，保护流域的自然环境和栖息在当地的香鱼，还能在缺水的年份为河流补水，方便当地的居民。

中央政府、县议会、五木村和县厅的干部都希望能把水坝建起来。建筑公司当然也是举双手赞成。

有这么多有影响力的人表示赞成，我要是也选择"赞成"，一定能省不少事。

然而，这样真的能为县民们带去幸福与快乐吗？要是我忽略了县民的感受，那就是违背了我的竞选公约，背叛了投票给我的县民。

这件事也让我深刻体会到,确保精神层面的自由,贯彻自己的观点是何等艰难。

宣布"收回成命"

留给我的时间越来越少了。

眼看着大限将至,有两座紧邻川边川的村落宣布,反对建设水坝。

时代果然变了。

泡沫经济崩溃后,一味依赖公共事业的地方经济一蹶不振,国民也对浪费资源的公共事业怨声载道。而且水坝不是造好了就不用管了,后期的养护费用也相当昂贵。有些地方造完水坝之后照样发洪水。再加上建造水坝会破坏当地的自然环境,近年来人们开始重新审视水坝的实际效果了。

委员会最终得出的结论是"没有必要建设水坝",完全可以用其他方法治水。

一眨眼的工夫,半年过去了。

2008年9月11日,我在县议会的例行会议上,当着议员与职员们的面,宣布了我的决定。

"我决定取消现行的川边川水坝建设计划,摸索其他的治水方案。"

议事厅中一片哗然。我还听见了轻微的掌声。

我和小野副知事熬夜修改了我的发言稿。怎么说才能让推进派和反对派接受这个结果呢？稿子改了一遍又一遍……

为了保护居民的生命财产安全，我们的确有必要治水。但我们需要保护的就只有"居民的生命财产安全"吗？球磨川的自然环境，难道就不是值得传承给子孙后代的宝贵财产了吗？遇到这种问题，我们不应该一刀切。保护日本首屈一指的清流，也是值得尊重的价值观。

我在发言中阐述了上述观点，还特意提到了五木村的居民。

"为了下游居民的安全，五木村的父老乡亲忍痛放弃了代代相传的土地和祖先的墓地，做出了巨大的牺牲……"

念到这儿，我百感交集，泪水夺眶而出。五木村居民听到这个消息时，定会倍感失望。他们已经承受了太多太多的痛，我的决定更是雪上加霜，但我不得不这么做。

我的演讲结束之后，旁听席上响起了掌声。听众们兴奋地握手，以示庆贺。

我遵守了对选民做出的承诺，在上任的半年之内做出了这个重要的决定。

《熊本日日新闻》与熊本放送立刻就此事进行了舆论调查，结果显示，85%的县民支持我的决定。

新的起点

然而，这件事并没有就此画上圆满的句号。

解决问题的漫漫长路才刚刚开始。

五木村立刻发来了抗议信，推进派人士对我也是口诛笔伐。自民党的议员们更是怒火中烧："要不是我们自民党这么支持你，你还当不成这个知事呢！"听说那时候有不少人对我怒不可遏，觉得我是个忘恩负义的家伙。

如果我生活在一个兵荒马乱的年代，怕是早就被人暗杀了。熊本县警方也很担心我的人身安全，特意加强了警力。

为了重建五木村，我与五木村的村民们一道制定了"五木村故乡重建计划"。

五木村有壮丽的大自然，还有天然的温泉资源。春天有养眼的新绿，秋天有动人的红叶。只要大力推广这里的旅游资源，五木村的经济就一定会有起色。

为了吸引更多的游客，五木村还推出了短期的蹦极跳项目。

酷 MA 萌也去跳了一把。

跳台的高度足有七十七米，是当时全日本最高的蹦极跳台。我本以为酷 MA 萌会怯场，没想到它在最后关头还有闲心跟观众们挥手，显得特别淡定。片刻后，它飞身一跃，引得在场观众一阵欢呼。

这一定不会是五木村的最后一次挑战。要是有朝一日，村民们打从心底里觉得"我很庆幸自己生在这里",那就说明五木村完成了复兴的大业。

就荒濑水坝问题做出痛苦的抉择

我就任知事的时候,熊本县内有六座由国土交通省建设管理的水坝,由熊本县建设管理的水坝则有十九座之多。其中有五座仍未建成。我上任之后,川边川水坝、七泷水坝与五木水坝的建设计划被取消了。除此之外,还有不少由下级政府和电力公司管辖的水坝。

上任两个月后,我便对外宣布:冻结荒濑水坝的拆除工程。

"拆除荒濑水坝"是潮谷前知事的决定。

这座水坝建成于1955年,位于球磨川,主要用于发电。

谁知建成之后,来自上游的泥沙在水坝湖越积越多,而且水坝影响了水的流动性,导致水质不断恶化。河川环境的变化逼走了香鱼,还造成了洪水等自然灾害。当地居民认为水坝就是万恶之源,强烈要求有关部门将其拆除。

只有拥有"水利权(能够独享水利资源的权利)"的人才能利用河川的流水。若想使用河上的水坝,也要向河川管理者申请水利权。一般情况下,水利权是二十年更新一次。

在荒濑水坝的水利权到期时,潮谷前知事考虑到设施的老化与发电事业的前景,决定在七年后拆除水坝。

我当上知事之后,决定从零开始,重新探讨要不要拆除荒濑水坝。

研究结果显示,大坝的拆除费用高达92亿日元,比当初估算的数值多了整整20亿。如果不拆,那么维修养护需要的费用为87亿日元,其中有71亿日元能靠出售电力回收。

荒濑水坝是一座县营水坝,如需拆除,所有费用均需县政府承担,国家不会提供任何财政补助。

当时熊本县的财政岌岌可危,眼看着就要沦为第二个夕张市了。如果我们有充足的资金,把水坝拆除也未尝不可,但是县政府的财务状况如此严峻,保留水坝是我们唯一的出路。

几年前,我实地考察了巴西与巴拉圭交界处的伊泰普大坝。它也是当时全球最大的水力发电站。

其他地区的水坝湖都很脏,建设了水坝的河川也好不到哪儿去,但伊泰普大坝的水非常干净。我听说,当地人为了把涡轮用足一百年,想尽办法改良了水坝湖的水质。

当时我就想,只要采取有效的措施,水坝湖也是可以很干净的嘛!

把水坝湖搞得干干净净的,再通过水力发电,还利于民,就能为当地居民带去更多的幸福了。在探讨关于水坝的问题时,人们往往会分成正反两派,非黑即白。但只要让水坝充分发挥出它的作用,它就能为环境与当地居民做出一定的贡献。无奈媒体总是以感情论事，却不分析问题的本质。

决定取消川边川水坝建设计划的两个月后，我宣布保留荒濑水坝。

但我同时表示，一旦确保了技术层面的安全性，有了充足的预算，县政府还是会选择拆除。

消息一出，当地居民与渔业协会果然表示强烈抗议。虽然我早就做好了思想准备，看到大家有这样的反应，心里还是很难受的。这个问题只能靠对话与沟通慢慢解决了。

收回成命需要巨大勇气，但能收回成命的只有领导自己

各项工作围绕着"保留荒濑水坝"的方针有条不紊地开展。可就在这个时候，社会的风向变了……

在2009年的众议院选举中，民主党实现了政权交替，成了日本的执政党。

民主党一上台就宣布中止八场水坝的建设计划。可见民主党对水坝基本持反对态度。其实早在民主党在参议员拿下过半议席时，我就切身感觉到了"风向"的转变。

在政权交替之前，时任民主党代理代表的菅直人先生就造访了荒濑水坝，一口断言"保留水坝就是逆时代而行"。而且他还表示："就算这是县营水坝，拆除它也是有益于回复大自然的

事业，国家应该研究一下有没有可能负担其中的一部分费用。"

他的发言让当地居民看到了一线曙光：要是民主党真的成了执政党，也许熊本就能拿到国家的补助，拆除荒濑水坝了！在荒濑水坝的所在地八代市，在竞选公约中主张拆除水坝的福岛和敏先生当选了市长。支持拆除的呼声是越来越响亮了。

2010年1月，我和时任国土交通大臣的前原诚司先生进行了一次会谈（他也是我的好友）。

他对我说的一番话好似一盆冷水，浇得我透心凉。

他表示，荒濑的水利权会在2010年3月31日到期，现在再申请也来不及了。而且国家不太可能提供这方面的财政援助。但我听说政府有意在今年夏天之前创设一套针对老旧河川工程的补助制度，所以我还抱着最后一线希望，也许荒濑水坝能享受到这项新政策。

谁知前原大臣在第二天举行的记者招待会上明确表示，"荒濑水坝无法享受这项制度"。

没有水利权，就不能使用荒濑水坝的水。而且国家不会提供任何的补助。我束手无策，眼前一片漆黑。

就在这时，我想起了自己十分尊敬的政治学家丸山真男老师的名言。

他说，"现实就是一捆'可能性'"。有的可能性能通往未来，有的不行。一条线断了，就试试另一条，千万不能轻易放弃。只要还有一条没试过，那就值得在它身上赌一把。

我经过多方摸索，终于找到了一条有望解决这个难题的"可能性"。只要集国家、熊本县与当地居民的力量，就有希望成功。

2010年2月，我宣布"改留为拆"，并要求民主党政权履行对当地居民做出的承诺，援助熊本完成拆除工作。前原大臣和国土交通大臣政务官三日月大造先生没有辜负我们的期待，为水坝主体之外的整修工程划拨了一笔资金。之后，环境省从"恢复自然状态，保护物种多样性"的角度出发，为熊本提供了补助。在多方的支持下，荒濑水坝的拆除工程在2012年正式启动。

把造好的水坝拆除，恢复原来的自然状态——这样的尝试在全国尚属首次。在我看来，公共事业不仅限于"造东西"。从今往后，"恢复自然状态"的公共事业一定会越来越多。

对领导而言，"收回成命"是一件非常需要勇气的事情。

但是，既然局势变了，出现了新的矛盾点，那领导就必须主动推翻自己的决定。

政治总是游走于理想与现实的夹缝之中。一味追求理想，就无法推行脚踏实地的政策。可要是只顾现实，政治就会失去梦想与希望。

商界的领导恐怕也需要这种"收回成命"的勇气。

副知事日记③

大学时代的阿蒲老师

我第一次见到蒲岛老师，是在东京大学的研究小组。

我在东大念的是法学部。大四那年，同学们都在传"学校里来了个很有个性的老师"。据说这位老师在日本只念到了高中毕业，后来去了美国，在哈佛拿到了博士学位，回国后在筑波大学当过教授。东大是一座很讲究血统的学府，所以东大的教授基本上都是东大的毕业生，"外人"能当上教授的例子非常罕见。除了蒲岛老师，就只有著名建筑师安藤忠雄先生了吧。

我这人吧，就喜欢跟怪人打交道（笑），所以立刻对蒲岛老师产生了兴趣，报名参加了他的研究小组，成了他的第一届学生。

蒲岛老师非常平易近人，和谁都能迅速打成一片。有些走精英路线的教授显得特别高高在上，但蒲岛老师完全不会给人留下这样的印象，这也许和他在美国生活过有关。他的地位与业绩都是靠自己的努力拼来的，所以在我们看来，他是个分外稳重的人，颇有些宰相肚里能撑船的感觉。他对学生的关心更是没得说（这可能是因为他年轻时在这方面吃过不少苦吧）。和学生们出去聚餐的时候，他一旦发现有人孤零零的，没人搭理，就会主动过去跟人家聊天。顺便一提，我们蒲岛小组是出了名的"聚餐多"，而且每次都是老师带头喝醉。有一次，老师带着学生们去伊豆的旅馆讨论课题，结果老师自己喝了个烂醉，从楼梯上滚了下去，是学生们把他搬回了房间。这件事至今为我们这些学生津津乐道，蒲岛老师在他的自传《命运》（三笠书房出版）里也有所提及。老师就是这么一个表里如一的直性子，深受学生的爱戴，大伙儿私底下都管他叫"阿蒲"呢。

他在这本书里强调"我是个不会'教'学生的老师"。这话倒是没错——他只会在一开始给一个大致的方针，比如"注意一下这几个方面，按这个思路写就行了"，之后就不会给任何提示了。交论文给他看吧，他也不会明确告诉你"这里要重写"，或是"那里的分析不够深入"。碰到这种老师，学生真是一点懒都偷不得，因为我们必须自己开动脑筋解决每一个问题。

蒲岛老师的课要上半年，却只能拿到两个学分。学生们要将半年的研究成果归纳成一本书。这项任务的难度大大超出了我们的想象，半年时间根本不够用。当时我因为没有通过司法考试选择了留级，但留级之后，我也没把太多的精力放在司法考试上，而是天天泡在研究室里……

东大的研究小组很少会出现"毕业后再聚首"的情况，但我们蒲岛小组是个例外。每次组织毕业生聚会，都会有一百多人出席。我们平时也会用群发邮件的方式交换信息。学生们之所以团结，想必也是受了阿蒲老师的感染吧。

蒲岛说：注意一下这几个方面，按这个思路写就行了

第 4 章

领导的
工作技巧

蒲岛知事的工作好忙好忙萌。

不过他**总是面带微笑**,

见到我的时候,还会问我:『酷MA萌,你最近怎么样啊?』

我不小心犯了错误,他也不会朝我发火。

我这么淘气,他都没有批评过我呢。

不发火,不强迫,言出必行。

在熊的世界里,都很少有这么了不起的家伙萌。

让他继续当人真是大材小用了萌!

凌晨三点半起床

知事的工作非常忙碌，每天都有做不完的事。

我的日程由秘书全权管理，我自己是不用操心的，但好几个月之后的日程也会被排得密密麻麻。有些工作要花好几天才能完成，有些必须在十到十五分钟内搞定。

在这种状态下，"为自己留出一段比较长的时间"简直比登天还难。

为了给自己留出一些能自由支配的时间，我养成了每天凌晨三点半起床的习惯，雷打不动。起床之后，再思考我这一天要怎么过。

既然要三点半起床，那我的就寝时间肯定不能晚于十点半。

可是我的"下班时间"并不固定，除了在县厅办公，我有时还需要出差，或是参加各类晚宴，但我还是会尽可能早点睡。好在我这人睡眠很好，基本不存在失眠的问题，一沾枕头就能睡着。

每天早上三点半，《读卖新闻》《每日新闻》和《产经新闻》会准时出现在我家的信箱里。而《熊本日日新闻》会在我看这三份报纸的时候送到。这是熊本的本地大报,发行量为325000份。到了四点,送报员会把《西日本新闻》送来。等到五点,就能看到《日经新闻》和《朝日新闻》了。

我会利用清晨的宝贵时间看这七份报纸,思考一天的安排,或是写写稿件。如果当天需要在县议会上答辩,我也会抓紧时间重读发言稿,发现问题就及时修改。

六点半一到,我的妻子就起床了。我会和她一起做广播体操,给院子里的花花草草浇水,再冲个澡,然后吃早饭。赶早的媒体记者会在八点半左右到我家来,所以我会在他们出现之前把自己收拾干净。在九点前赶到县厅,我的"早晨"就算是圆满结束了。

这就是我每天早晨的大致安排。

在东大当教授的时候,我起得也不算晚,但基本都是六点多起床,过着跟寻常人一样的生活,有时还会出去喝个小酒,大半夜才回家。现在可不能像以前那么放肆喽。

不过这个知事不是别人逼我当的,我也是真心想为县民们谋幸福,所以我并不觉得自己在过苦日子。

领导需要的是对自己下狠心的坚定信念

为了把所有精力集中在工作上,我会尽可能将自己的身体状态调整到最好。

做领导难免会有应酬,所以我早饭一般只吃蔬菜沙拉和水果。午餐则是妻子亲手烹制的爱心便当。她会合理搭配食材,确保我摄入均衡的营养。

这是我唯一在实践的"保健方法"。年过花甲之后,我的身体的确出了些小问题,不过医生说这就是所谓的"政治家病"。我还觉得自己和年轻时一样精力充沛呢。

无论前一天的工作有多累,我都会在第二天凌晨三点半准时起床。这也是因为我心里总是绷着一根弦吧。没有勇气对自己痛下狠心的人,就当不了一个好领导。

贯彻"蒲岛三原则"

  1. 不发火。

  2. 不强迫。

  3. 言出必行。

这是我奉行的"蒲岛三原则"。

在大学教书时也好,当上知事后也罢,这三项原则都没有任何变化。

"这样真能服人吗?"当领导的读者们也许会产生这样的疑

问。其实啊,"强迫"并不是领导驱动部下的唯一方法。

在哈佛上学的时候,我上过理查德·诺伊施塔特老师的课(他是《美国总统制》一书的作者,也是著名的政治学家)。老师如此说道:"在大家的印象中,总统就是自己冲在最前面,让众多部下跟在后面的人,但这是一个莫大的误会。"

在许多人的心目中,"理想的总统"就该自己跨上战马,率领一众部下奋勇杀敌。然而老师告诉我们,总统真正的工作,其实是把那些不愿意上马的部下一一扶上马背。

成为知事之后,我对这一点的体会就更深了。

没有职员紧随其后,我一个人再怎么冲锋陷阵都没用。管理、限制与指导,平等、持续与统一……为了让那些被规矩框死的职员鼓起勇气"摔盘子",我的辅助是必不可少的。

这个时候就轮到蒲岛三原则出场了。

我绝不会在洽谈工作和开会的时候发火。就算职员犯了错误,我也会心平气和地与他们讨论解决方案。

在大学里当教授的时候,我也没对学生发过火。我这个人在私生活中也从不发火,孩子们没挨过我的骂,我跟妻子说话的时候也总是柔声柔气的。所以我每次听说有学校出了体罚问题,都会百思不得其解:"为什么教育需要用到暴力呢?"

我从小就不喜欢与人冲突,也不会用怒火去解决问题。

一旦陷入针锋相对的状态,人的注意力就会集中到"胜负"上。男同志对胜利的欲望就更强了。赞成派与反对派会拼得你死我活,把"县民幸福总值最大化"的目标抛之脑后。

意见有分歧不要紧,只要大家的最终目标是一样的,就不会发展到"相互仇视"的地步。在探讨水坝问题的时候,如果正反两派的最终目标都是"县民幸福总值最大化",那就能进行有建设性的"讨论"。可要是没了这个大目标,那就是单纯的"争吵"了。

只要还有"让我做"的念头,就不会发挥出主观能动性

第二项原则"不强迫"和"不发怒"其实有一定的相通之处。我不会强迫职员们听从我的命令,也不会惩罚不服从指挥的职员。

我动不动就给大家灌输"摔盘子"的理念,但一个职员要是不摔盘子,我也不会冲到他面前命令他:"你给我摔!"我压根就不想知道谁没有照我说的办。我唯一关心的就是"县厅"这个组织有没有在正常运作。

只要部下们还有"让我做"的念头,就不会发挥出主观能动性,也不会产生责任感。如果一个项目是职员自己开动脑筋构思出来的,那他就会负起责任,为项目的成功拼尽全力。一旦取得了成果,职员就会对自己更有信心。

所以我一般只会给一个大方针。我会反复强调我认为重要的事情,其他的就让职员们自由发挥好了。在我看来,这才是"扶

他们上马"。我的理想就是培养出主动上马征战的县厅职员来。大家已经往这个方向迈出了一大步,所以我们熊本县厅也变得越来越有活力了。

第三项原则"言出必行"其实是最基本的为人之道。反倒是政治家往往做不到这一点。

我始终以"言出必行"四字要求自己。自砍 100 万工资也好,就川边川水坝做出决定也好,都是我对选民做出的承诺。这年头的政治家总是随随便便违背自己的竞选公约,可是在我看来,既然做不到,就不该答应选民。我们可以改变实现目标的手段,但要是把目标都改了,那就是本末倒置了。

上任之后,我就开始通过县厅官方网站向县民们汇报公约的实现情况了。县民们之所以会投票给我,肯定是对我提出的公约产生了共鸣,所以我绝不能辜负大家的期望。

看到这儿,各位商界的领导怕是要嚷嚷了:"你这么管人,还有谁会干活啊!"

不发火,不强迫,部下就不工作——这说明上司和部下之间没有构筑起信任关系。问题一般都不在部下身上,而在领导身上。

部下的干劲——"事事平等"就没了紧张感

领导的工作,就是绞尽脑汁思考要如何提升部下的干劲,提升他们的工作效率。

涨工资的方法不适用于公务员,所以我只能想其他的法子了。

为了让职员们更有干劲,也为了提升县厅的行政服务水平,我们为那些对提升县民幸福总值做出了巨大贡献的职员设置了一个奖项——"蒲岛奖",每年表彰一次。

虽然这个奖项挂的是我的名字,但评审不止我一个,还有两位副知事和四位外部评审员(包括熊本县立大学的校长和本地企业的代表)。七位评审会对候选人进行公平公正的考察。

我刚设置这个奖项的时候还有过一段小插曲:我让部长们分别选出一位优秀的职员来,谁知部长们纷纷表示:"每位职员的工作态度都很认真,我选不出来啊。总得把一碗水端平吧。"

问题是,如果真的"事事平等",那就不存在竞争了。我一贯认为,做出了成绩的人就该受到表彰,这样才能孕育出健康的竞争关系。有了竞争,大家也会更有干劲嘛。

这就是我设置蒲岛奖的初衷。

各部门的部长会将手下的优秀项目(大约四十个)推到评审委员会。委员会会从中选取十来个项目,评出优秀奖和大奖。

对职员们来说,这是一个得到直属上司认可的好机会。如果最后能获奖,那就是得到了我(知事)和其他评审员的认可,是莫大的光荣。

2011年的大奖得主,就是"酷MA萌项目"。酷MA萌和它背后的职员们的确是那年的大功臣,实至名归。

不过啊,能得奖的不光是那些聚光灯下的项目哦。

同一年的"优秀奖"得主,就是"通过团队就业援助,推动低保户自立"的项目。

领低保的人呈逐年增加的趋势,这在熊本县也成了一个不容忽视的社会问题。

市区之外的低保业务都归县厅管辖。为了督促低保户自力更生,县厅职员频频造访町与村的公所,与下级政府的负责人和当地相关部门一道开展就业援助活动。这可是前所未有的举措。

在县厅推出这项举措之前,领低保的人只能去职业介绍所找工作。但现在,县厅与下级政府的职员会在当地的公所举办就业咨询会,还和民生委员和职介所的负责人结成了一支就业援助团队,向低保户提供面对面的咨询服务。

多亏了他们的努力,2011年的就业人数上升至2010年的1.6倍,摆脱低保的人也飙升至前一年的2.5倍,可谓成果喜人。

2011年另一个荣获"优秀奖"的项目是"利用河滩上的竹子修整暗渠"。这个项目也相当不错。

人们一般会把稻壳或碎石盖在暗渠上,以提升沟渠的排水性。而我们县厅的职员想出了一个好办法,那就是把长在河滩上的竹子砍下来,用这些竹子盖住暗渠。阿苏谷的河滩上长满了竹子,还有人偷偷往竹林里倒垃圾,让当地的管理部门一筹莫展。光把这些竹子砍掉,未免有些浪费,用它们来盖沟渠,

128

那真是再合适不过了。因为竹子是免费的,修缮工作的成本直降两成。而且竹子不易腐烂,百分百环保,把它们利用起来,还能节省处理废材的成本。把竹子砍掉之后,河滩的环境也变好了。从这个角度看,这个项目真是"一石三鸟"呢。

2013年获奖的是"职工亲手写催缴信"的举措。

机器打印的催缴信难免会让人觉得冷冰冰的。收信人一看收件人地址是手写的,就很有可能拆开信封瞧一瞧寄信人到底是谁。而且这样也能让收信人感觉到"县厅在为您着想"。

手写每一封催缴信要耗费巨大的精力,但此举一出,汽车税的征收率就有了显著的提升。提供这种细致周到的服务本就是政府部门的职责,所以这个项目也算是带我们回归了"行政服务"的原点。

自2010年起担任评审员的村井真一先生(Newco1株式会社董事长兼总经理)也在他的博客上表扬了我们的职员:"熊本县厅的职员们真是太棒了。大家都说公务员有一身的官僚气,可我觉得他们做得比我们这些民营企业都要好。"

公务员的工作大多朴实无华,平时不会受到公众的瞩目。而且近来舆论动不动就对公务员口诛笔伐。

蒲岛奖能让职员们品尝到被认可的喜悦,认识到自己手中的工作有着怎样的价值。只要有了良好的环境,职员们自然会埋头苦干。这个道理不仅适用于县厅这样的政府部门,公司、学校与家庭也不例外。

话说蒲岛奖的奖状是用熊本产的灯心草做成的。我们还会举办隆重的颁奖典礼，在几百名职员面前表彰那一年的获奖者。

典礼结束后，我会在知事公邸设一场小小的酒宴，款待获奖的职员们。我不能用工资报答他们，就只能用这种形式表达我的犒劳与感谢了。

人脉不是"构筑"出来的

常有人问我："怎么做才能构筑起丰富的人脉呀？"可我并不觉得人脉是"努力构筑"出来的东西。

昭和女子大学的坂东真理子校长（她也是畅销书《女性的品格》的作者）请我去他们学校做过一次演讲，打那以后，我们就成了好朋友。她现在成了"熊本未来会议"的一员，为熊本做出了巨大的贡献。

见面时开开心心聊个天，喝个酒，不考虑付出与索取之类的烦心事——这就是我交朋友的一贯原则。但是在对方遇到困难的时候，我一定会鼎力相助。

大家都说，人一旦踏入社会，就很难交到朋友了。因为我们总免不了去关注对方的头衔与社会地位，思考这个人能不能为我带来利益。然而，这种充满"心机"的关系绝不会长久。真到了紧要关头，你们也不会互相帮助。

但是，如果你交朋友的时候看的不是头衔，而是内在，那就完全有可能跟学生时代一样交到志趣相投的朋友，甚至能发展成刎颈之交。当你遇到困难时，这样的朋友定会向你伸出援手。

我从没动过"利用人脉"的念头。抱着这种"心机"构筑的人脉不过是点头之交。只要选择了能推心置腹沟通的人，就能自然而然形成健康的人际关系了。

人脉不是"构筑"出来的，而是在不经意间"形成"的。只要你走在正确的方向上，自然会有"对的人"聚集到你周围，一切都是水到渠成。

最近我刚遇上一件大喜事。防卫大学的前任校长五百旗头先生来我们熊本县立大学当理事长了。

我跟五百旗头先生的交情，能追溯到在哈佛上学的时候。

当时我是这么给他做思想工作的："在江户时代，肥后①细川藩请来了剑圣宫本武藏。我也想效仿古人，把世界级的人才集中到熊本来。希望你能来我们熊本，当蒲岛县政的'智慧代言人'。"

五百旗头先生离开防卫大学的时候，有好多地方都向他伸出了橄榄枝。在民主党当政时，他还担任了"东日本大地震复兴构想会议"的议长。能把这么厉害的人请到熊本，我真是太高兴了。

---

①熊本的古国名就是肥后。

五百旗头先生为人很低调。有人问他:"您为什么要去熊本啊?"他给出的回答是:"因为蒲岛是我的朋友呀。"听到这话,我顿感胸口一热。能交到这样的朋友是我蒲岛郁夫之幸。这件事也让我痛感,不存在利益交换的互助关系真是太美好了。

人情面子要尊重,但不能被它牵着鼻子走

要和许多人共事,总免不了为人际关系所苦。

我算是那种比较看重人情的人,但要是被人情牵着鼻子走,就无法做出准确的判断了。

我的老家是熊本县的山鹿市。山鹿市的中嶋宪正市长几乎跟我的后援会会长一样,在我第一次竞选的时候帮了我很多忙。但轮到他竞选的时候,我并没有去帮忙。有知事出面,他一定能拿到更多选票,所以我也是很想助他一臂之力的。

问题是,要是我在他那儿露了面,那其他候选人也得照顾到。总不能顾了这个,丢了那个吧?以人情面子为指针,就很难和他人保持恰当的距离感了。

久而久之,你就会被人情束手束脚,无法随心所欲,当机立断。人一旦活到这个地步,就会失去精神层面的自由。

我之所以竞选知事,是为了实现"县民幸福总值最大化"这个远大的目标。所以我的判断标准只有一条:"这件事能不能

为县民带去幸福?"要是有其他标准(比如"友谊""旁人的面子""自己的面子")的干扰,判断的准确性就会大打折扣。

所以我在这方面还是非常讲原则的,而且我一贯认为,政治家的态度越坚定,他就越容易做出成绩。

当你开始担心自己会不会被别人讨厌的时候,人情与面子就勒住了你的喉咙。

我会反复告诫自己,"有人讨厌我那也是无可奈何的事",免得自己被人情牵着鼻子走。不过这几年的经验告诉我,只要坚持走正道,就不会招太多人的怨。

竞选的时候,肯定是有人支持你,也有人反对你。推行政策时也是如此,你不能指望所有人都举双手赞成,有时候也需要咬紧牙关,痛下决心。

"人"做的事,多多少少会牵扯到一些"人情"。但夏目漱石说过一句名言:太讲究理智,容易与人产生摩擦,太顺从情感,则会被情绪左右。一旦被"情"制住,你就很容易判断失误。要成为一个深受部下信赖的领导,就必须坚持原则,以坚定不移的态度贯彻自己的信念。

领导一旦表现出"负责"的姿态,组织就会产生变化

近年来,企业或政府部门一旦爆出丑闻,媒体就会要求领

导出面解释。

解释固然重要,但是以实际行动体现出负责的姿态,也是领导的重要职责。

在我的第一个任期中,难度最高的任务莫过于"改革县厅的财务风气"了。

县政府的财年是4月到下一年的3月。我们每年都会制定年度预算,但是因为项目延期等原因,有些资金无法在年度内用尽。遇到这种情况,县厅往往会将多余的资金寄存在客户处,把钱留到下一年度一起用,或是做一笔假账,把钱存入小金库。"偷梁换柱(实际交付的货物与合同不同)"的情况也时有发生。

我刚上任的时候,职员向我汇报称,我们熊本县厅不存在这类违规操作。

谁知会计监察院一来,就查出了问题。

于是我便向职员们呼吁:"如果大家老实交代之前的违规操作,我就既往不咎。"但我随即补充道,如果知而不报,事后还被我查出来,那么违规职员将受到严惩。

之后,我们就彻查了县厅的账本,发现涉及违规处理的金额高达1亿多日元。

当时也有人提出,应该严肃处理那些违规的职员,但我决定自己担下这份责任。那是我上任的第二年,我本来就把工资主动下调了30%。为了以身作则,我又加了20%,在这一整年里只领50%的工资。

虽说那些违规处理是我上任之前发生的事,但此时此刻,我才是县厅的领导。不拿出负责的态度来,就无法从根本上改变组织的风气。

以实际行动负责,比说一百句话更有说服力。我坚信,只有这样才能防止职员们故态复萌。而且我还明确表示:"如果有人在我的任期内犯同样的错误,我就会引咎辞职。"如果我真的因为职员的违规操作辞职了,那这位犯错的职员就会受到县民的抨击,无地自容。

在此基础上,县厅还推出了一系列杜绝违规操作的措施,颠覆了以往的财务风气。

两年后,我们又进行了一次检查——县厅上下没有查出任何问题。

在检查结果出炉之前,我心里也不是很有底,但我知道大家都尽了全力。

改革财务风气的确是一项艰巨的任务。不破釜沉舟,就不可能取得成功。

组织的风气往往根深蒂固,难以靠三言两语改变。要把大家的想法"扭"过来,就得做好自己也要付出一定牺牲的思想准备。

只要有决心,有毅力,什么样的组织都能在你手中呈现出全新的面貌。

精神层面的自由

人活在世上,一定要保持精神层面的自由——这是我的信条。

我之所以没有变成一个利欲熏心的政治家,想必也是受了家里人的影响。

我的妻子对我的社会地位全无兴趣。当初我要去东大当教授的时候,她也不太赞成。竞选知事时,她更是强烈反对。

我当上知事之后,她也没有以"知事夫人"自居,继续过她的小日子。因为我自砍了100万工资,所以搬去知事公邸之后,我们节衣缩食了好久。熊本的知事公邸有四十多年的房龄,破旧不堪,阴风阵阵。可它的面积偏偏很大,开空调特别耗电,所以她很少用空调。即便是寒冷的隆冬,她也是灌个热水袋了事。

我并不准备在自己的任期内翻修知事公邸。与其把纳税人的钱花在我的住处上,那还不如拿去办点实事呢。于是每到冬天,我们夫妻俩都会在家里把自己捂得严严实实的。

我的女儿们也没有沾我的光。应聘的时候,她们都会告诉面试官:"我的父亲是公务员。"正因为我的家人都有一颗平常心,我才没有骄傲自满,自以为是。

在东大当教授的时候,只要有人请我去演讲,我都会选择新干线的绿色车厢①,如果需要坐飞机,我就会买商务舱。可是

---

① 相当于一等座,座位比较宽敞舒适。

当上知事之后,我基本只坐经济舱。要是花的是我自己的钱,那怎么花都无所谓,但我现在花的是纳税人的血汗钱,绝不能铺张浪费。我之所以能这么严格要求自己,也是因为我的家人过着和以前一样的生活吧。

保持精神层面的自由绝非易事。尤其是当你隶属于某个组织时,往往会遇到身不由己的情况。正所谓"大树底下好乘凉",随大流肯定要轻松得多。

很多政治家怀揣"为国为民"的崇高理想进入政界,却逐渐被欲望所污染……这样的例子比比皆是。

想要再次当选的欲望,在极大程度上腐蚀了政治家的精神自由。这种欲望越强,你就会越保守。你会尽可能不树敌,只推出不会招致反对的政策。

一个人一旦将"政治家"作为自己的终身职业,就会优先各类后援团体的利益,因为有了这些团体的支持,他能再次当选的可能性就更高了。这些政治家还会绞尽脑汁把经营了一辈子的地位传给自己的孩子,所以日本政坛才会有这么多"政二代"。

我在学术界已经取得了一定的成就,因此我没有那种"非得在政坛出人头地"的欲望。

有人问我有没有竞选连任的计划时,我都会回答:"我会倾听时代的呼声。如果时代需要我,我就会竞选。"这是我的真心话。我觉得自己已经在第一个任期取得了一定的成果,所以我并不贪恋知事的宝座。

壁立千仞，无欲则刚。一旦利欲熏心，自会利令智昏。

领导的要务之一，就是为部下创造舒心的环境

我本想在从政之后完全放弃学术研究。

但我后来还是决定保留一点学术空间给自己，不要全身心扑在政治上。因为我很崇拜肥后细川家的开山鼻祖，细川幽斋。我就想成为他那样的人。

相传有一次，细川忠兴（幽斋的儿子）的家臣来找幽斋诉苦："忠兴大人太严厉了，在他手下当差好辛苦啊！"

幽斋心想："对家臣严厉些，的确能起到树立威信的效果，但要是抹杀了家臣的积极性，那就是本末倒置了。"于是他就托人捎了一首古代的和歌给儿子：

真菰草 つのぐみ渡る 泽边には つながぬ驹も 放れざりけり（俊惠法师）

这首和歌的意思是：你若能找到一片长满茭白嫩芽的湿地，就算在那儿解开拴着马儿的绳索，它们也不会逃跑。因为那里有草可吃，待着舒服。

细川幽斋是想通过这首和歌教育儿子：当主子的若能礼贤下士，就算没有严格的规矩，部下也愿意为你效忠。

　　我对他的这种观点产生了强烈的共鸣。

　　我也不会强迫部下干这干那。我一贯认为，为部下创造舒心的环境正是领导的要务之一。

　　细川幽斋不仅是一流的文人，更是擅长骑射与剑术的优秀武将。一上战场，他就会立刻展现出"武斗派"的一面。

　　有学者认为，幽斋在和歌的世界享有盛誉，所以他没有"非要以武将的身份功成名就"的强烈欲望，做起事来自然会比别人更加放得开。

　　确保一片自留地，心态就会更从容——也许这个道理不光适用于政界哦。

不能白白"摔倒"，抓住石子站起来

　　2012 年 7 月发生的"熊本大水灾"是我上任后遭遇的第一起大型自然灾害。

　　连气象台都说熊本经历了一场"前所未有的大雨"。一小时降雨量超过 100 毫米的暴雨，在阿苏地区下了整整四个多小时。

　　大雨造成的死者与失踪者多达 25 人，3400 余栋房屋受灾，灾情极为严重。

当时我正在韩国出差。闻讯后，我立刻取消了所有计划，赶回熊本，成立了救灾指挥本部，并亲自担任本部长。我向职员们提出了"重建复兴三原则"：

1. 全力安抚灾民。
2. 实现"创造性"的重建与复兴。
3. 将灾后重建与熊本的进一步发展联系起来。

灾后重建本就是一项艰巨的任务。但光是"恢复原状"还不够——我们必须实现"创造性的重建与复兴"，防止同样的灾害再次发生。而且灾后重建需要耗费大量的税费，因此我们有必要将这个步骤与熊本的发展挂钩。

我这个人就算是摔倒了，也不会"白白"爬起来。站起身的时候，我至少会顺道抓起三四颗石子。而且我的性格比较乐观，普通人觉得很辛苦的事，我也能泰然处之。常有人对我说："我觉得你在逆境中更有斗志。"

县厅的职员们没有辜负我的期望。大家都从自己负责的业务出发，提出了许多富有创意的重建复兴方案。

好比"用熊本产的木材与榻榻米搭建临时住宅"的项目，就完全遵循了我提出的第一项原则。多亏了熊本县森林工会联合会与熊本县灯心草业生产销售振兴协会捐赠的木材与榻榻米，我们才能办成这件大好事。

与传统的钢板临时屋相比,用木材建设临时屋要耗费更多的人力与财力。但是这样的房屋住起来更舒服,能起到安抚灾民的作用。灾民中有不少老年人,他们精力有限,几乎放弃了重建房屋的希望。而我们建造的木结构临时屋可以为他们提供一个能长久使用的居所。

　　日本的《灾害救助法》与《建设基准法》规定,临时住宅最多只能使用两年,时间一到就必须搬走。考虑到灾民的难处,熊本县已经向国家提出了申请,希望能够延长临时住宅的使用时间,但国家很有可能不会批准。为了让灾民们长期使用这些临时住宅,我们正在研究改建房屋的方法,以便让这些临时屋满足《建筑基准法》的规定。

　　"河川防灾治理工程"则是第二项原则的绝佳体现。

　　为了防止惨剧再次上演,我们计划将河边的两百数十户居民转移去更安全的地方,将斗折蛇行的白川改得更直一些。然后再将现有河道的一部分填成陆地。据说熊本上一次进行如此大规模的治水工程,还是在加藤清正①当政的时候。我们要做的不仅仅是修复堤坝——这正是具有创造性的重建工程。

　　"泷室坂隧道"的建设计划完美契合了第三项原则。

　　这次的大雨使泷室坂(山岭)出现了严重的崩塌,于是我们就和国土交通省进行了交涉,希望国家能在这里开一条隧道。

---

① 加藤清正(1562-1611),江户时代的武将,1588年与小西行长受封,各分得九州肥后国的一半,并曾在领地内倾力进行治水工作。

我也亲自拜访了（当时的国土交通大臣）太田昭宏先生好几次。由于我上门的次数实在太多，以至于后来大臣一见到我便说："啊，泷室坂来了……"功夫不负有心人，在短短的一年之后，在地势艰险的泷室坂上开凿隧道的事就谈妥了。而且这条隧道会成为"中九州横断公路（连接阿苏与大分）"的一部分。

为了让熊本成为九州全境的防灾基地，更为了在道州制实现的那一天，让熊本成为九州的州都，我们必须将熊本和大分、宫崎连起来，必须做到"条条大路通熊本"。所以中九州横断公路的建成通车是熊本长久以来的夙愿。而泷室坂隧道帮我们迈出了通向梦想的第一步①。在进行灾后重建的同时，实现"中九州横断公路"的夙愿，为熊本今后的发展奠定坚实的基础。身处逆境时，我们更需要群策群力，以金点子扭转局势。

灾民的遭遇让我心痛不已。熊本的灾后重建与复兴还有很长的路要走。身为熊本县的知事，我定将带领县厅的职员们全力推进灾后重建。

---

① 日本目前的都道府县是地方第一级自治体，市区町村是第二级自治体。平成大合并后，市町村数大幅减少，规模增大，于是有人提出第一级自治体不再有存在的必要，而应在合并的基础上变为道或州，为中央政府派出行政单位，也就是形成地方一级派出政区，一级自治政区的模式。

副知事日记④

蒲岛式魔法，渗透进了县厅的角角落落

蒲岛知事从来不发火。

他在这本书里也是这么写的。我能为他做证——我从没见过他发火的模样。他从不会扯着嗓子吼我们，也不会表现出一丝丝的烦躁。

实不相瞒，他在东大教书的时候也从没有发过火。

我觉得吧，他大概是缺了"发火"这根筋（笑）。

这年头，公务员成了人人喊打的过街老鼠，而媒体则频频报道地方政府的领导与职员针锋相对的新闻。

但我们的蒲岛知事做的第一件事，就是"让职员信任自己"。他总是逢人便说："熊本县厅的职员们让我特别自豪。"谈工作的时候，他也会对职员说"你比我更懂行"，想方设法找机会表扬大家。一旦得到了他人的认可，人就会斗志昂扬，以十二分的热情投入工作中。能激发出人们心中的干劲，正是"蒲岛式魔法"的神奇之处。

领导的确可以用恐惧与压力迫使部下干活，但是在这种状态下，部下很难做出喜人的成绩。为了让职员发挥出主观能动性，就必须拿出"我百分百信任你"的态度。这个道理不仅适用于县厅，在公司与家庭中也是如此。能笑到最后的终究是太阳，而非北风[①]。

---

① 此处引用的是《伊索寓言》中的"北风与太阳"，寓意为，如果想让一个人按照自己的意思办事，应该像太阳那样让路人主动有想脱衣服的想法，而不是如北风般强行要刮走衣服。

蒲岛知事取消川边川水坝的建设计划时，那些赞成派的职员心里肯定也有些不痛快。好在我们的职员都是很踏实的人，他们知道自己的职责就是支持知事的决定，所以很快就把心态调整过来了。

这也许就是县厅职员和霞关官僚①的不同之处吧。在我的印象中，霞关的官僚们比较重视自己所在的省厅的利益，所以他们不会把判断权交给大臣。曾有位官僚跟我说过："我在霞关只工作了三十多年，大臣倒换了三十九个……"领导换得如此频繁，要是一切都要听从领导的安排，整个部门就乱套了。所以官僚们才会养成"自己动手，丰衣足食"的习惯。

官僚们的工作能力都很强，领导只需给出一个大致的方针，把工作放心大胆地交给他们去做就行了。熊本县厅的面貌之所以能焕然一新，也是因为蒲岛知事领导有方吧。

熊本县厅的职员们也非常优秀，以他们的资质，去外资咨询公司工作也能做出一番成绩来。他们的工作态度与工作能力让我深感佩服，所以我一听到县民说"公务员都是饭桶，只拿钱不干活"，心里就会冒出一股无名火，有时我还会沉不住气，替职员们喊冤呢。

但蒲岛知事跟我不一样，他遇到这种情况都是左耳进右耳出。他可能是这么想的：不理解的人就让他去吧，只要我知道我们的职员有多棒就行了。

① 日本中央政府的办公地点集中在东京的霞关地区。

蒲岛说：你比我更懂行

第 5 章

梦想
就在逆境中

蒲岛知事的人生经历真是跌宕起伏，吓死宝宝了萌！

去东大和哈佛的时候，工作人员告诉我，蒲岛知事在这里上过学，教过书。真是没想到萌！

我对知事说：「哇，知事好厉害萌！」

知事告诉我：「我以前是班里的吊车尾哦！」

「优」只在成绩单上出现过一次，隔三差五就逃学……

原来蒲岛知事跟我一样调皮呀？

我出生在一个贫穷的家庭

"人生好似一幅拼图,没有一片多余的拼图块。"

这是我的座右铭。在成为政治家之前,我经历了许多风风雨雨,不过此时此刻,我能切身体会到,这些宝贵的经验都成了我从政之路上的指路明灯。

我的老家在熊本县北部的稻田村(即今天的山鹿市)。那是不折不扣的农村,放眼望去尽是农田。

我的父母在二战结束后不久就带着六个孩子离开了中国的东北,投靠了住在稻田村的祖母。我的父亲在东北当过警察,好歹有些积蓄。但是战争结束时,他的所有财产都被没收了。因此一家人回国时几乎身无分文。

我是父母回国后出生的第一个孩子,在家中排行老七(算上早夭的哥哥就是老八了)。后来母亲又生了两个妹妹。祖母的房子并不大,除了没铺地板的泥地房间,就只有两个六张榻榻米大的房间和一个四张半榻榻米大的小房间了。九个孩子加三个大人,生活环境之恶劣可想而知。

在我的记忆中,我家一直很穷。

我们唯一的收入来源，就是祖母的两反两畝地①。这么小的地，种出来的粮食都不够养活我们全家人。

　　因为我们吃不起白米饭，餐桌上的主食总是"黄米饭（大米加粟米）"和加了红薯蔬菜的"粗粮粥"。同学们一看到我便当里的黄米饭就会笑话我："哈哈，你吃的是蛋炒饭！"羞得我只能三口两口把饭扫进嘴里。

　　我上小学那会儿，日本正处于战后的复兴期，经济发展得十分迅猛。当时我的同学们穿的都是布面胶底的鞋子，只有我穿着最便宜的胶鞋。身上的衣服也是哥哥淘汰下来的旧衣服，连式样都和同学们穿的大不相同。去春游的时候，我也没钱买零食带着吃。对比同学们的吃穿用度，我就能深刻体会到自己家有多穷。

　　有一次，母亲为我买了一双布面的新鞋，让我穿着去春游。然而这双鞋是打特价的红色女鞋。母亲在鞋子上刷了一层墨汁，谁知我穿着穿着，墨汁就掉了。

　　同学们顿时炸开了锅，对我冷嘲热讽："小郁穿了双红鞋子！"现在回忆起这件事，我仍会面红耳赤。

　　从小学二年级到高三，我和哥哥们送了整整十一年的报纸，以补贴家用。无论刮风下雨，我都没请过一天假。病是没生过，就是经常迟到。

---

①日本土地面积单位，1反约为992平方米，1畝约为99.2平方米。

在送报纸的过程中,我自然而然养成了读报的习惯(我现在仍会在起床后抽出时间来看报纸)。在报上看到日美安保问题[①]和肯尼迪遇刺时的光景至今历历在目。

通过报纸,我对时事新闻产生了浓厚的兴趣。这也算是贫穷对我产生的积极影响吧。我并不是一个认真听课的学生,但是在拿到高中毕业文凭之前,我已经建立起了和同学们完全不同的价值观。

吊车尾也能做美梦

我从小就不是个传统意义上的"好学生"。

但是在小学三年级那年,哥哥借给我的《悲惨世界》让我看得如痴如醉。打那以后,我就成了个十足的小书虫。在我念完小学的时候,学校图书室的小说几乎都被我看光了。

其中,古希腊哲学家普鲁塔克的《比较列传》给我留下了深刻的印象。他在书中描写了希腊与罗马的各路英豪。看完这本书之后,我便萌生出了一个念头——有朝一日,我一定要成为恺撒那样伟大的政治家。

恺撒是所谓的"天才型"政治家,凡事亲力亲为,行事极

[①] 1952年4月28日《日美安全保障条约》和《日美行政协定》同时生效。条约执行中,由于连续发生美军暴行事件,引起日本人民的强烈反对。

为果断。

顺便一提，我虽然很崇拜恺撒，但大家都说我是个"刘邦型"领导。刘邦这个人看上去不是很靠得住，所以他的部下们才会竭尽全力辅佐他。我这人也有点"靠不住"的感觉，难怪我竞选的时候学生们都大老远跑来熊本帮我的忙。现在我倒觉得，世上有几个靠不住的领导也未尝不可。

升上初中之后，我依然遨游在书海之中，完全没把心思放在学习上。好容易升上了高中吧，可我完全跟不上。我们整个年级有二百二十个人，我总是在二百名左右徘徊。久而久之，我就懒得去上学了。

我每天早上都会带着母亲做的便当，装成去上学的样子，偷偷跑去附近的小山丘。丘顶上长着一棵孤零零的松树，我就躺在树下，看小说打发时间。换做现在，老师早就把家长请去谈话了，好在当时的学校管得不是很严。

那座山丘其实是一座古坟。站在丘顶，能看到我们村庄的全景，还能远眺阿苏山喷出的烟雾。看书看累了，我便会一头钻进空想的世界，或是干脆打个瞌睡。肚子饿了，就把便当吃了。现在想来，当年的那棵松树就是我的教室。在那里看的书本则是我的老师。

那时，我心中怀揣着三个梦想。

第一个梦想是当小说家。我之所以产生这个念头，是因为当时我看的都是小说，觉得能靠写有趣的故事养活自己好像挺不错的。

第二个梦想是效仿《比较列传》中的恺撒,成为伟大的政治家。

其实在上小学的时候,我就有了这两个梦想。但它们是如此遥远,我也不认为自己有希望将它们变为现实。

至于第三个梦想嘛,就是在阿苏山脚下开个牧场养牛。当时我每天都在山丘上远眺阿苏山,久而久之就冒出了这个念头。自不用说,实现这个梦想的可能性也是微乎其微。

"在历史上留下活过的印记"

我曾在"蒲岛奖"的颁奖典礼上说过这样一句话:"希望大家都能在项目中签上自己的名字,以自己的项目为荣。"

我为什么会说出这番话呢?这得从我上高中那会儿说起。当时我参加了学校的考古社团。而社团的顾问原口长之老师对我产生了巨大的影响。

虽然我是个差生,但原口先生还是向我敞开了社团的大门。考古社团的主要活动是发掘古坟,但我和另外几个学生没能直接参与到发掘工作中,而是被派去测量古坟的高度和宽度了。不难想象,这些工作有多么枯燥。

我看着那些埋头发掘的学生,心里别提有多羡慕了。就在这时，老师来到我们这边说道："打开古人的棺材时品尝到的喜悦是一时的，你们测量的高度、宽度和位置，才能为历史所铭记。虽然测量工作很枯燥，但我希望你们能认认真真完成这项任务。"

努力的成果能在历史上留下印记——一听到这话，我们立刻对手中的工作产生了敬意。

老师常常教导我们，人的一辈子其实很短暂，所以你们一定要努力在历史上留下活过的印记。我将老师的教诲铭记于心，还把同样的话讲给了我的学生们。

人生第一次受挫：找了一份不适合自己的工作

我卡着及格线，拿到了高中毕业证书（要是我再多缺课三天，就没法顺利毕业了）。学校禁止学生留长发，可我又懒得去理发店，所以我连毕业典礼都没去参加。典礼结束后，老师把我的母亲请去学校"打了预防针"："你这个儿子啊，连毕业典礼都不来，以后肯定要学坏的。"

我这么不爱学习，自然是上不了大学的了，但我总不能游手好闲啊。俗话说得好，不劳者不得食。

我的运气还不错，只面试了一家公司就被录用了。我就这么踏上了社会。

谁知我才干了一星期，就辞去了这份工作。为什么呢？只怪我当时目光短浅,想得太不周到了。

录用我的公司是熊本县的汽车销售商,办公室设在熊本市的南端。从我家到办公室,单程要三个半小时,而且中途要换好几趟公交车。

事后想来,要是我当时在熊本市内租个房子住,也许就不至于辞职了。无奈我把"通勤"这件事想得太简单了。

由于路上要花整整七个小时,我每天早上五点就要出门了。即便能准点下班,等我吃完晚饭,泡完澡,钻进被窝的时候,也是半夜十二点多了。我有很多东西要学,每天都是筋疲力尽,睡眠时间却只有不到四个小时……没撑几天,我就感冒了。

可我是个刚入职的新人,就算是烧到了四十度,也拉不下脸请病假。那天,公司安排我去客户家送文件。我又没有驾照,只能昏昏沉沉地踩着自行车往客户家赶。

送完文件之后,我就回了办公室。烧得那么厉害,哪还有体力工作呀。见我一副没精打采的模样,上司一声大喝:"蒲岛!你才来几天啊,这就开始偷懒了啊!"

所以我只在这家公司干了一星期。

在踏上社会的第一个星期,我就品尝到了人生第一次重挫。

最近的年轻人常会被打上"没毅力"的标签,因为他们也是动不动就辞职。当年的我也好不到哪儿去。其实初出茅庐的年轻人难免会有些迷茫,不知道自己该干什么。屡战屡败,屡败屡战,并不是什么坏事。

成为农协的职员，却对这份工作产生了疑问

年仅18岁的我就这么成了无业游民。无奈我家穷得叮当响，所以我必须立刻找到下一份工作。

我吸取了教训，决定找一个离家近的工作单位。就在这时，我听说稻田村的农业协会在招职员，我就去参加了笔试。我之所以心动，是因为我家骑车到农协只要十分钟。

这么近，自然不存在通勤的问题。而且我家好歹也是务农的，所以我对农协也有点兴趣。

成为农协的职员之前，我一直以为农协是一个为农户谋福利的机构。

谁知入职之后，我才发现现实并没有这么美好。那时，农协的主要业务竟然是向农户推销冰箱、洗衣机等家电（而且这些家电跟农协没有任何关系！），卖得越多的人在单位就越有地位。

入职后不久，我被分配去了管理课，做一些文职工作。除了普通的业务，农协的保险柜（里面装着信用部门的钱款）也归管理课负责。我入职一年后，稻田村农协和其他地方的农协合并了。在新的办公楼建成之前，我们不得不借用破旧的公民馆。因为我比其他人年轻，所以我值夜班的频率比别人高了很多。

公民馆的安保很成问题。我知道保险柜里装着巨款，值夜班的时候那叫一个提心吊胆……我都不敢在值班室睡觉，只能在保险柜旁边铺一床褥子，在柜门上拴一根绳子，再把绳子的

另一头绑在自己的手上。第二天早上，同事一推门进屋就吓了一大跳。听说我的"英雄事迹"至今是农协职员的一大谈资呢。

那时我年少气盛，常在聚餐的时候对上司出言不逊，得罪了人家。也难怪啊，没什么工作能力，说起话来却头头是道，这样的人无论在哪个时代都不受欢迎。最要命的是，我在成人节的演讲大赛上当着町长的面大放厥词，说"现在的农协偏离了它的主旨"，而且这件事还传进了农协工会会长的耳朵里……

于是我就被调去了专干体力活（比如送煤气罐）的部门。这也加深了我对这份工作的疑问，浇灭了我的工作热情。

决意赴美

到头来，我只在农协待了两年。上高中时，我绝不会做自己不感兴趣的事。和那时相比，我也算是大有长进了，可即便是这样，我还是熬不下去了。

就在这时，我碰巧在报上看到了关于"赴美农业培训生项目"的报道。

该项目专门面向有志从事农业的青年，一旦入选，就能去美国进修两年。报上还说，项目下设有若干个专业方向，而"肉牛专业"的学生能学到美国式的肉牛养殖方法。

曾几何时，我也在松树下勾勒过在阿苏经营牧场的美梦。

看到这篇报道之后,我心想:这也许是实现"牧场梦"的好机会。而且在60年代,美国就是年轻人心中的桃花源,我也动过"想去美国瞧一瞧"的念头。

于是,我就做出了人生中的第一个重要决定。

为了争取到赴美学习的机会,我开始拼命学习英语,准备笔试。这是我这辈子第一次下这么大的决心。项目计划在全国招二百个培训生,报考人数却有八百多人,竞争非常激烈。我好容易通过了笔试,毅然辞去了农协的工作。1968年6月28日,我完成了国内的培训任务,在羽田机场登上了西北航空公司的包机,远赴美国。那年我才21岁。

培训生们的第一站是华盛顿州的西雅图。现在有很多日本人生活在那座城市,但是在当时,全城上下都找不到几个日本人。

我们要先上一个月的英语课,再参加为期三个月的农业实习。第二轮专业培训结束后,就是正式的专业实习环节了。

抵达西雅图之后,我们转乘大巴,往东走了二百九十公里,来到了一座叫摩西莱克的城市。当地的比格本社区学院就是我们上英语课的地方。

眼看着自己离梦想更近了一步,连上课都成了一桩美事。在老家上学的时候,我就没好好学过英语,谁知到了美国才一个月,我的英语水平就开始直线飙升。英语课快上完的时候,我的日常会话已经不成问题了。

我的农业实习单位是位于俄勒冈州的苹果园。实习的主要内容自然就是摘苹果了。与我同去俄勒冈的还有鹿儿岛农户出身的折田同学。这座苹果园非常大，我们必须以最快的速度把苹果摘好。这份工作看似简单，其实辛苦得很。

摘苹果本就是一项很耗体力的工作，再加上当地的海拔很高，明明才初秋，天气就跟日本的隆冬一般冷了。果园的老板摩尔夫妇告诉我们，气候越是寒冷，结出来的苹果就越好吃。无奈我从小在气候温暖的熊本长大，这么冷的天着实让我有些招架不住。我和折田同学每天都得出门摘苹果，风雨无阻，一天都休息不得。

没想到牧场的工作会如此辛苦

回到摩西莱克市参加第二轮专业培训时，我得知自己将在1969年初被派往爱达荷州的牧场实习。

这座牧场饲养了数百头肉牛和羊，还有一大片农田，专门用来种植饲料。

除了我，牧场总共就四个人：老板夫妇和一对年轻的白人夫妇（他们平时就住在牧场）。算上我也只有三个男丁。

我们每天天不亮就要起床，先花整整三小时把牛羊喂饱。等它们吃饱了，太阳也就升起来了。光是这一项工作，就要耗费相当多的体力，我在牧场待了好久才稍微有些适应。

忙完这些，我们才能吃早饭。凳子还没坐热，就得开始下一项工作了。吃完午饭后，还有其他任务等待着我们……一整天都忙得不可开交，连喘气的时间都没有。

我在牧场和农田挨了好多骂。电影中的牛仔是那么拉风帅气，可现实生活中的牛仔并不好当。我每天都累得眼冒金星，尤其是刚到牧场那几天，几乎连洗工作服的力气都没剩下。

在牧场工作，就意味着天天和生物与大自然打交道，放假当然成了奢望。而且当地的冬天异常寒冷。再加上凶神恶煞的老板……我的日子简直跟古代的农奴有得一拼。我做梦也没想到，牧场的工作会如此辛苦。现在回想起来，那也是一段特别艰辛的岁月。

讽刺的是，正因为这份工作很辛苦，我才能咬着牙熬到实习结束——我实在是太忙了，根本没工夫胡思乱想。

不过那段经历也让我彻底放弃了经营牧场的梦想。我心想：这么辛苦的工作，我可没本事干！

从"农业培训生"到"美国的大学生"

结束了为期十二个月的农场实习之后，我来到了内布拉斯加大学的农学院，接受了三个月的专业培训，主要学习畜牧业。

与之前的重体力劳动相比，坐在教室里上课要轻松无数倍。

只要认真学习，就能有一口饭吃，还有比这更美的事吗？而且我欣喜地发现，自己做过的那些工作都是有理论依据的。"原来那个步骤有这样的意义啊！"类似的发现一个接一个……我这个"万年吊车尾"竟然在美国第一次品尝到了学习的乐趣。"我要学"和"要我学"的学习效果真的有天壤之别。即便是考试，我都甘之如饴。

这三个月的学习生活分外充实，时间一眨眼就过去了。渐渐地，我产生了一个念头：我想留在这里继续学习！

"我适合做什么样的工作呢？"这个问题困扰着无数年轻人。在我看来，要搞清"自己适合做什么"，就得先摸透"自己不适合做什么"。不过很多事情要亲身经历过才知道合不合适。无论如何，这些经历都会成为你的宝贵财富。

眼看着培训就要结束了，我便找培训项目的负责人克林顿·胡佛先生咨询了一下："我马上要回国了，但我想回到这里继续学业，不知道学校有没有可能收我啊？"胡佛先生回答："没问题啊，你的成绩那么好，又很好学，我们可以雇你当下一批农业培训生的翻译，欢迎你回来上学！"

他还给我提了个建议："你可以一边当翻译，一边准备 SAT 考试。"

胡佛先生的这番话，成了我人生中的第二个转折点。

培训结束后，我又回农场实习了一段时间，然后就回国了。为了攒钱去美国，我当起了送奶工。我从小就跟着哥哥送报纸，在农场实习的时候也是天天起早摸黑，所以早起对我来说并不是什么难事。我住在姐夫家，发疯似的打工……

半年后，我攒够了四十万日元，再次远渡重洋。抵达美国的时候，我身上就只剩五十美元了。那年我也不过24岁而已。

农学院真的聘用了我。我一边为培训生们翻译，一边准备SAT。我负责的讲座是1月开始，3月结束。我必须在有工资可拿的时候考上，否则就只能流落街头了。

然而，现实是残酷的——翻译这份工作比我想象的辛苦得多，工作一忙，我就没时间准备考试了。SAT要考数学和英语，可我这辈子就没认真学过数学。英语考试的内容就更难了，毕竟它针对的是以英语为母语的学生。

奇迹终究还是没有发生，我的SAT考得一塌糊涂，名落孙山。"难道我只能灰溜溜地回国了吗……"就在我心灰意冷的时候，我负责的讲座的讲师乔·哈德森伸出了援手。他找到招生部门的负责人说道："蒲岛是个上进的好学生，你们应该给他一个机会！"在哈德森老师的帮助下，我以"试读生"的形式，进入了内布拉斯加大学的农学院。

准备成这样就没问题了——做好120%的准备

试读生必须保持优异的成绩，否则就会被劝退。而且我还得靠奖学金过日子,所以我必须拼命学习。大学的教科书都特别厚。除了农学,我还要学习生物、化学与数学等科目。教科书当然都是用英语写的——换做以前的我,一翻开这样的教科书,怕是就要缴械投降了。但那个时候我卯足了劲,整颗心都扑在了学习上。

这是我人生中最用功的一段时光。

我会带着录音机去教室,把老师的话录下来,睡觉前反复听上好几遍,以加深记忆。光复习是远远不够的,我还得预习第二天的内容,否则就会跟不上老师的讲课思路。"学习"成了我生活中唯一的关键词。

我不仅要把学习搞好,还要自己赚生活费。我在校园里的农场找了一份工作,下课后就去勤工俭学,回家之后就埋头学习。好在我的体力比较充沛,硬是熬过了这段苦日子。

我的努力没有白费,第一学期的成绩单上全是"A"。这简直是个奇迹——毕竟我小时候只拿过一次"优"啊!自那时起,我就摇身一变成了"特招生",学费全免,还拿了好几份奖学金。最关键的是,特招生从大一开始就能享受导师的一对一指导。

就在这个时候,我又实现了酝酿已久的另一个梦想。

我把在日本苦等我多时的女朋友接来了美国。她就是我的贤妻富子。

在赴美留学之前,我在机缘巧合之下对富子一见钟情(当时她还在县厅工作),很快就和她确定了关系。我出国之后,她一直在日本耐心等我，为我加油鼓劲。在第二次赴美之前，我对她做出了一个承诺："等我在那边稳定下来了，一定会把你接过去的！"我总算是没有食言。

后来，我们在美国结婚生子。我还没毕业，就有了自己的小家。

成为特招生之后，我越发严格要求自己，力争每一门课都拿"A"。为此，我必须在每一次考试中拿到90分以上的好成绩，这就需要我做好120%的准备工作了。直到毕业，我一直过着废寝忘食啃书的生活。

如今，"做好120%的准备"已经成了深入骨髓的习惯。备课也好，准备研讨会上的发言时也好，我都会做好万全的准备。从政之后，我也会在发表声明前反复准备。我绝不会在准备环节敷衍了事，而是会进行极为彻底的调查与分析，夯实自己的观点，直到我能明确感觉到"准备成这样就没问题了"。

我在农学院学习了整整四年。我的导师是繁殖生理学的D·基马曼教授。我们一起就"猪精子的保存法"进行了深入的研究。

我们在学术研讨会上发表了共同研究的成果，发表的主要内容也登上了极具权威性的学会杂志。一个本科生能享受这样的待遇实属罕见。

正因为我品尝过这份喜悦，当上东大的教授之后，我才会想到要为本科生们提供发表研究成果的舞台，将他们的论文归纳成一本书，并正式出版。在人生中的某个阶段，将自己的名字铭刻于历史之中——这样的经历，定会成为难能可贵的人生财富，激励我们继续前行。

进入哈佛大学研究生院

就在我即将从内布拉斯加大学毕业的时候，基马曼教授向我伸出了橄榄枝："你要不要留在我们研究室啊？"与此同时，农业经济学的费舍尔教授也邀请我去他门下读研。对我来说，这两条路都不错。

然而，我心中也萌生出了一丝迷茫："就这么继续研究猪的精子真的好吗？"就在我左思右想的时候，"想要学习政治学"的念头涌上心头。"当一个伟大的政治家"是我儿时的梦想，而这个梦想以政治学的形式再次出现在我眼前。

我立刻下定了决心："既然要学，那就去政治学很强的哈佛大学做第一流的研究吧！"

基马曼教授没想到我会拒绝他的一片好意。但他见我决意已定，就没有多加挽留，还说会助我一臂之力，并鼓励我努力实现自己的梦想。

不巧的是，当我确定自己能顺利毕业的时候，哈佛大学研究生院已经停止受理入学申请书了。于是我就去费舍尔教授那里学了一年的农业经济学，同时准备考研。一年后，我备齐了所有资料,将申请书寄去了哈佛。

我在申请书上写道:

我在本科没有学过政治学。
我家是小农户,没有雄厚的财产。
我已经结婚了,还有两个孩子,所以需要奖学金。

没有专业背景,也没有家庭背景,却要学校提供奖学金,脸皮可真够厚的。谁知我居然真的考上了。这貌似是因为基马曼教授和费舍尔教授为我写了推荐信。

导师全心全意地栽培我,还跟我一起做研究、发论文,可我这个当学生的竟为了追逐梦想,毅然离开了研究室。我如此忘恩负义,导师们却依然对我鼎力相助,毫不介怀。美国人的胸襟,让我感动不已。

28岁那年,我带着家人搬去了位于剑桥市(波士顿的隔壁)的哈佛大学。万幸的是,学校还为我们安排了一间舒适的学生宿舍。

哈佛的学生看起来都特别聪明,我也不确定自己能不能跟上。不过我转念一想,船到桥头自然直,真的被劝退了,那就找份工作养家糊口好了。遥想当年,我不禁感叹,只要有充沛的体力和乐观的心态,就没有办不成的事。

在没人举手的时候毛遂自荐"我来做"

我在哈佛上的第一堂政治学专业课是西德尼·瓦巴教授的"政治参与和民主主义理论"。后来,瓦巴教授还成了我的博士论文导师。

一天,教授在课上布置了一项任务:归纳一本关于"殖民地时代的政治"的书。他说:"有没有同学愿意把这本书总结归纳一下,在下一堂课上给我们讲讲啊?"台下鸦雀无声。见状,我鼓起勇气,举起了手。

这本书足有三百多页。我花了整整一星期才把它看完。我在课上介绍了该书的内容,还阐述了自己的分析与见解。

我的勇气赢得了瓦巴教授的认可。在没人举手的时候毛遂自荐,别人对你的评价就会直线上升。要是你做的事和别人没什么两样,人家自然不会觉得你有什么了不起的。如果你付出的努力和别人差不多,却指望得到高于别人的评价,那我只能说你想得太美了。

由于没有任何政治学背景,我除了要上研究生院的专业课,还得同时听本科生的课,课业负担之重可想而知。不过肯接收没有专业背景的人,并允许他们用非常规的方式学习,正是美国大学的过人之处。

名著《文明的冲突》的作者S·亨廷顿教授、前驻日大使E·赖肖尔教授也对我进行过亲切的指导,让我受益良多。

实不相瞒，我发表过一篇正面批判亨廷顿理论的论文。亨廷顿教授是一位很严厉的老师，但他对我这篇论文的评价很高，还建议我投稿去学术期刊试试。后来，这篇论文果然登上了全球著名政治学期刊《世界政治》。这也是我第一次在国际大舞台上发表自己的作品。

美国的教授有着宽阔的胸襟，就算对方的意见与自己针锋相对，他们也会认可反对意见的优点。因为他们知道，一旦固执己见，视野就会越来越狭窄。

赖肖尔教授的"日本史"是哈佛大学的热门课程之一。也不知道为什么，赖肖尔教授的秘书特别喜欢我，居然帮我要到了一间毗邻教授办公室的研究室。给区区一个学生安排研究室是相当罕见的情况，很多从日本来的教授都申请不到研究室呢。

在奖学金方面，赖肖尔教授也帮了我的大忙。哈佛的奖学金一般只给两年，但教授说服了研究所，把我的奖学金延长了两年。多亏了这笔奖学金，我才能安心投入学习之中。

第三个女儿出生时，校方还以"研究费"的名义，给了我七百美元的补助。

我对哈佛的感激之情真是一言难尽。

而且我还在那里结识了许多来自日本的客座教授、研究员与留学生。

同志社大学教授三宅一郎、上智大学教授绵贯让治、时任广岛大学副教授的五百旗头真……哈佛大学就是我与他们相识相知的地方。那时我还没和日本的学术界搭上关系，自然不清楚他们是多么了不起的人物。后来，这些朋友都对我的人生产生了巨大的影响。

成为筑波大学的讲师

哈佛的研究生院一般要五年以上才能毕业，但我只用了三年零九个月。因为学校只给我四年的奖学金，我无论如何都得在奖学金停发前拿到文凭。

为了鞭策自己，我还提前买好了一家五口人的机票。这当然是因为买得早会比较便宜啦，不过我的博士论文要是没写完，这些机票就成了废纸。当年的机票还是很贵的，我可不能白白浪费这么多钱。

我拼命给自己施压，总算是如期写完了题为《经济增长期的政治参与和收入分配》的博士论文，赶在回国前交给了导师。

1979年，32岁的我带着一家人回到了日本。

快回国的时候，曾在哈佛留学的朋友向我发出了邀约："你要不要来筑波大学的社会公学部教政治学啊？"原来，他和筑波大学的社会工学部长仓谷好郎先生提了提我的情况，对方也对我很感兴趣。

与此同时，另一所私立名校也向我伸出了橄榄枝。起初，我还觉得这边录用我的概率更高,谁知回国后,校方通知我说,教授大会经过讨论,决定不录用我。

不录用我的原因肯定是多方面的,但最关键的原因恐怕是我的简历不太好看吧。农协职员→留美农业培训生→内布拉斯加大学农学院(研究猪的精子的保存方法)→哈佛大学研究生院(政治经济学)……教授们可能很难理解我的经历怎会如此曲折。我没有日本大学的文凭,也没有在日本出版过著作,简直来路不明,难怪教授们不敢录用我。

一家五口还等着我养活呢,没有工作可如何是好。好在我生性乐观,发挥出"船到桥头自然直"的精神,向筑波大学提交了简历,从零开始找工作。

几经波折,我终于在1980年成了筑波大学的专职讲师,在日本开启了我的学者生涯。

我负责的是社会工学部的课程。

这个学部看的是工作业绩(比如你发表过几篇受过审查的英语论文),光有漂亮的简历也没用。

而且筑波大学的校风比较自由,让我颇有些如鱼得水的感觉。我顺利升上了副教授,之后又升了教授。我在这里结识了许多优秀的老师,与大家一同研究,出版了各类书籍与论文,度过了非常充实的十七年。

我是个"不教学生"的东大教授

1996年夏天,东大的佐佐木毅教授(后来的东大校长)突然给我打了一通电话:"你要不要来我们东大法学院上政治过程论啊?"

我没有立刻答应下来,而是先和家里人商量了一下。没想到所有人都劝我留在筑波。这也是因为大家都觉得筑波大学的研究环境比较自由吧。女儿甚至对我说:"爸爸,东大一点都不适合你!"

不过我转念一想,我是不是在同一个地方待得太久了啊?来到筑波之前,我一直处于居无定所的状态,而且绕的都是远路,怎么走都在爬坡。但是在爬坡时结识的每一个人,都成了我的良师益友。

拼搏了这么多年,我本可以让自己轻松轻松,选一条更好走的路。但我毅然决定,再爬一个坡,去东大看看新的风景。

1997年4月,我以东大教授的身份,迈入了著名的"赤门"。

东大貌似没出过我这种经历的教授,报上还专门刊登了一篇关于我的报道,题为"从农协职员到东大教授——从'精子'到'政治'"。我倒是淡定得很,没把报道当回事,只是觉得:"哟,这个标题挺有意思的嘛!①"

---

①精子和政治在日语中发音相近。

我除了要给法学院的大二学生上"政治过程论",还开设了面向大三、大四学生的研究小组,研究课题是"新党"。

起初,我每次进教室都是提心吊胆。在座的学生们也知道我不是传统意义上的"精英",有点怀疑我的实力,颇有些"是骡子是马拉出来遛遛"的感觉。所以课堂的气氛比较紧张,不过不是那种剑拔弩张的紧张,而是交流切磋的紧张。

在这种情况下,我不能有丝毫的失误。所以我为每一堂课做了120%的准备。如果那天有课,我就会起个大早,重读相关的论文,再检查一遍备课笔记。而且我会提前三小时到校,把二百五十份讲义复印好。不过这么备课并不是我的专利,据说其他教授也会在备课环节狠下功夫。

在那个学期的最后一堂课上……

一百分钟的课结束后,教室里响起了雷鸣般的掌声。在美国的大学,学生们起身为老师鼓掌是常有的事,但我做梦也没想到同样的光景竟会在日本的大学出现。我在筑波大学也没享受过这样待遇呢。

我激动不已,同时也庆幸自己当初选择了这条险路。从"吊车尾"到"东大教授"——我回顾了自己走过的路,心中感慨万千。

研究小组也是个充满刺激与乐趣的地方。

我会给学生们一个无法独立完成的一级课题,再简单介绍一下基本的分析方法。然后我就不会插手了——学生们要自己制定计划,自主开展研究。我还明确告诉大家,我会把你们的论文集出版,而且你们的名字都会出现在封面上。

我没有向学生们提供任何的帮助,但大家可以使用我的研究室和研究室里的电脑。学生们要用电脑的时候,我就会去图书馆,给他们腾地方。不知不觉中,研究室就成了学生们的"基地"。

我给第一届学生的课题是"研究1993年自民党分裂后结成的新党"。可半年过去了,研究还没做完。组长木村敬(毕业后,他进了总务省,然后外派至熊本县厅工作,现为总务部政策审议监)、小野泰辅(现在的熊本县副知事)和另外几个学生只能留下来继续研究,到第二年才把书给做出来。

研究小组只有两个学分,而我的学生们要为了区区两个学分投入大量的时间与精力。但我坚信,他们的付出绝不会白费,这段经历一定能成为他们的宝贵财富。

学生们的大作正式出版了。书名为《"新党"全记录》,分上中下三册,总共一千二百页。每一位学生的名字都印在了封面上。自那时起,"出版研究成果"就成了蒲岛研究小组的固定节目。

让学生深入参与研究工作,在毕业前留下活过的印记——我之所以想方设法为学生创造这样的条件,正是受了原口老师(高中时参加的考古社团的顾问)的影响。

积极参与，接触形形色色的意见，让更多的人接受自己，同时培养"构筑共同体"的力量。当学生们踏入社会之后，这些能力一定会发挥出巨大的作用。

正所谓"授人以鱼不如授人以渔"。自己钻研出来的东西，绝对会铭记终生。所以我不会随随便便"教"学生。

做学问不需要什么基础能力，"干劲"才是关键。只要把120%的精力注入研究课题，就一定能做出成绩来。在和东大的学生接触的过程中，我发现他们从小就在学习上倾注了120%的心血。正因为他们本就比常人加倍努力，所以当他们发现自己真正感兴趣的课题时，就会全身心地投入其中。这正是东大学生的过人之处。

研究小组的学生毕业后，我仍会和他们保持联系。在我们蒲岛小组，聚餐也是非常重要的小组活动。而且每次聚餐，我都会带头喝醉。还记得有一次我们去外地的旅馆讨论课题的时候，我喝了个酩酊大醉，从楼梯上滚了下去，是组长木村同学把我扛回了房间。我是个特别不像老师的老师，好在学生们还是很尊敬我的。

不顾周围人的反对，毅然参选

2007年是我在东大的第十个年头。这时，我的故乡熊本爆出了一条大新闻。

潮谷义子知事表示,她不打算再次竞选连任。消息一出,自民党、民主党与民主县民俱乐部都找到了我,问我有没有竞选熊本县知事的意向。实不相瞒,前知事细川护熙决定不再竞选连任的时候,也有人问过我同样的问题。当时我没有参选,但是"想为故乡熊本做些贡献"的念头并没有消失。

这一次,我决定把握时机,竞选知事。

这意味着我必须放弃自己在学术界构筑起的地位与成就。那年我正好60岁,再熬三年就能以东大教授的身份退休了。我完全可以在退休之后投身政界。

但我认为,现在正是从政的良机。

起初,我的家人和朋友都不赞成我参选。

我的同事们——法学院的教授也很反对。他们不了解熊本,觉得我没必要从繁华的东京搬到那种乡下地方去,更何况我又没有必胜的把握,何必冒这个险呢?

学生们也是强烈反对。毕竟我是个政治学家,研究的还是"选举理论",要是我没选上,那"蒲岛理论"就不攻自破了。也难怪学生们会有这么大的反应。

我的家人们也站在了"反对"的最前线。毕竟她们一旦成为"知事的妻子(女儿)",就会受到世人的瞩目,生活节奏也会和以前大不相同。她们苦口婆心地劝我:"继续当东大教授不是挺好的吗?"

但我决意已定:"你们留在这儿也行,大不了我就一个人去熊本,你们就让我去竞选吧!"

在各党派联系我的一个月后——1月11日,我正式宣布竞选熊本县知事。此时距离投票日只剩两个多月了。我没有"地盘",也没有"知名度"和"钱袋子"。我要如何赢得熊本县民的信赖呢?我向人生中最大的难题发起了挑战。

必须在选举中大获全胜

自民党在熊本县有深厚的根基。我也很清楚,若能获得自民党的推荐,就能在选战中占得先机。

然而,我婉拒了自民党,决定以自由人的身份参选,不接受任何正当的"公认"与"推荐"。

我为何放弃摆在眼前的资源?因为我有一个明确的目标——在选举中大获全胜。

政治学家安东尼·唐斯认为,大多数选民的观点较为中庸,偏左或偏右的选民其实寥寥无几。当时共有五个候选人,其中没有一个革新派,全都是保守派。而且在这五个人中,我的自由主义色彩最鲜明,政见也最中庸。

可我一旦接受了自民党的推荐,选民们就会觉得"蒲岛有强烈的保守色彩"。根据唐斯的理论,届时我就会失去偏向革新派的选票。接受其他党派的推荐,也会让我的形象偏向左或右的其中一边。即便是这样,我也有可能赢,但绝不可能取得"压倒性的胜利"。

能赢不就行了吗?为什么非要大获全胜呢?因为我已经在考虑当选之后的事情了。

学者能享受到精神层面的自由,可以随意批判政府。但我要是接受了某个党派的推荐,当选后就要服从党派的安排了。同理,如果我在A团体的支持下取胜,那A团体就成了我的恩人,能对我的政治决策产生影响。届时,我的判断力就会大打折扣。

如果我能在不接受任何推荐的情况下获得全面胜利,那就不用为任何党派与团体行方便了。我能维持精神层面的自由,一心一意为熊本县民服务。

我的目标并不是在选战中取胜,而是为了熊本县民改革县政,激发出蕴藏在熊本深处的潜力。好在自民党的熊本县支部联合会不仅接受了我的无理要求,还表示会在精神上全力支持我。

以"人海战术"致胜

从公示到投票,只有短短的三个星期。

得知我要竞选后,许多人向我伸出了援手。

研究小组的毕业生们也纷纷来到了熊本,其中包括现在的熊本县副知事小野同学，以及时任东京都立大学副教授的今井同学。制定竞选纲领的时候，同学们也帮了我不少忙。

在我来到熊本的一个月后，强烈反对我竞选的富子也赶来了。丈夫忙着竞选，当妻子的总不能袖手旁观吧，她也是下了很大的决心。

她没来得及了解情况，就被带去了集会地点。工作人员还让她"随便说两句"。这着实有些强人所难。富子绞尽脑汁，给听众们讲了讲我参加选举的初衷。事后，工作人员居然跟我说："夫人讲得比您还好！"

全国农业协同工会联合会鹿本分部的代表理事常务西川宪一是我的老朋友。他是个非常靠得住的男子汉，上高中时，有一次我差点被小混混围起来打，就是他挺身而出救了我。他把我们的小学、初中和高中的同学组织起来，为我提供了莫大的支持。同学们也各自发动人脉，全力为我造势。在我的老家山鹿市，我还得到了老人会、妇人会等团体的大力支持。

同学们还自发去熊本市内替我发了三次传单。我在21岁那年离开了熊本，没想到大家会如此不辞辛劳地帮助我（其中不乏当年和我并不是特别要好的同学）。这一份同窗之情让我分外感动。

我没有雄厚的资金，却靠着本地人的智慧与"人海战术"，在山鹿市拿下了81%的选票。

做梦是"穷人"的特权

我的研究方向是"选举理论"。研究小组的第四届学生拿到的课题就是"研究选举海报",而他们的研究成果在这次选举中发挥了奇效。

我的选举海报很有特色,主色调是红色。其他候选人基本都用蓝色,所以我的海报就显得特别醒目了。蓝色代表了智慧与理性,能给人留下"沉着冷静"的印象。而红色是热情与精力充沛的代名词。看到"东大教授"这四个字,选民们往往会联想到"严肃与冷静",所以我想通过海报上的红色告诉选民们,我也有一腔热血,想要在熊本县掀起一场变革。

而且我还在海报上突出了我的大头照。

我准备了几张照片,请女支持者们选出看着最顺眼的一张,用在了海报上。自己选的照片代表的是"你想展示出的一面",但竞选海报上的照片要充分考虑到选民的喜好。比起我自己选的照片,女支持者们选的那一张显得更友善一些。投票结果显示,我拿到的女性选票远超其他候选人。我认为,海报在其中发挥了不小的作用。

在竞选的过程中,我几乎没有花什么钱。这一点也具有非凡的意义。

如果我接受了政党的公认或推荐,就能得到相应的竞选资金。可我拒绝了那些政党,所以我算得上是囊中羞涩。既然没钱,那就只能群策群力了。

最终，我成功击败其他候选人，拿到了46%的选票，取得了全面胜利。

竞选期间，我走遍了熊本，进行了无数次演讲。在此过程中，我切身体会到了熊本的尴尬处境，更感受到了县民们对"改变现状"的殷切期望。我也觉得熊本不能再这么颓废下去了，是时候改头换面了。正因为我的想法与县民们不谋而合，县民们才会投票选我吧。

得知我大获全胜后，最兴奋的当属我的学生们。因为这场胜利证实了蒲岛理论的正确性。将理论付诸实践，是一种难能可贵的经历。从这个角度看，我也算是为大家提供了一个实践所学的舞台吧。

我在人生的漫漫长路上搜集了许多五彩斑斓的拼图块。

回想这一路的酸甜苦辣，我不禁感叹，梦想的力量真是太强大了。要不是在上小学时通过看书对"政治家"产生了向往，要不是在上高中时躺在松树下做白日梦，我就绝不会是今天这个模样。空想的世界是百无禁忌的，而"做梦"也许正是穷人的特权。如果我当年的成绩还不错，也许就不会做这样的春秋大梦了。正因为我总是落于人后，也经历过人生的低谷，梦想才会成为我的救命稻草。

副知事日记⑤

"超越期望"

蒲岛知事直接教给我们的"学问"并不多,但我们都在潜移默化之中,学到了他对待工作的态度。蒲岛语录中有这样一句名言:"若能超越对方的期望,就会有下一座舞台等待着你。"这句话对我的人生观与工作观产生了巨大的影响。

委托别人办事也好,花钱购买产品与服务也罢,我们都会在心中设定一个"期望值"。以去面馆为例:如果店家能让顾客觉得这碗面物超所值,量足味美,顾客自然会想:"这家店可真不错,下次还要来!"这样的顾客定会发展成忠实的回头客。如果能让顾客产生"我要把这家店推荐给朋友"的念头,那就能收获绝佳的广告效果了。

反之,如果面馆提供的产品不尽如人意,顾客就会心想:"搞什么嘛,卖这么贵,味道却不怎么样……我以后不会再来了。"自不用说,他们也不会把这家店推荐给亲朋好友。这样的面馆绝不可能把生意做大做好。

综上所述,你的事业轨迹是上扬还是下行,完全取决于你有没有超越对方设定的期望值。如果你能让客户眼前一亮,自然会有更高水平的挑战与机遇等待着你。因为客户一定会这么想:"他能把这项工作做得那么好,干脆把交易量加大一些吧!""下次给他安排一项难度更高的任务好了!"

只要不断超越对方的期待，你就能得到更多、更好的工作机会，促使自己不断成长。

无论是"复印会议资料"这种简单的任务，还是"开展高难度的调查"这种复杂的工作，道理都是一样的。你可别小看"复印资料"这件事哦，怎么装订、准备几份备用都是很有讲究的，毕竟每个人的要求都不一样。动手完成工作之前，不妨先想一想对方的期望值是多少，再努力超越这个标准。

踏入社会之前，我就开始实践蒲岛老师的教诲了。只要把每一项任务做到"超越期望"的程度，就一定能站在更高更大的舞台上。道理简单，却分外实用。

我今后也会在工作中继续贯彻这项原则。

蒲岛说：若能超越对方的期望，就会有下一座舞台等待着你

第6章

为熊本县民
谋幸福是我的使命

哇！！！这就到最后一章啦？好快的萌！

『幸福』到底是个什么东西呀？蒲岛知事看上去总是很幸福萌。

享受美食的时候，和小朋友做游戏的时候，我也会觉得很幸福萌。

我见到的每一个人都说，

只要我幸福，大家就会跟着开心萌。

看到大家那么开心，我就更幸福了萌。

要是幸福能一点点扩散，**让全世界的人都笑出来**，那该有多好呀！

还没见过我的各位，一定要耐心等我来哦！

蒲岛知事，后面的事情就拜托你了酷MA～记得把门关上哦

（『记得把门关上』是酷MA萌体操的结束语萌）。

"县民幸福总值最大化"的方程式

英国的"新经济基金会"在2009年发布了一份关于"地球幸福度指数"的调查报告。调查对象包括了全球143个国家,而日本的幸福度排在第75位。在2006年的"世界幸福地图"(英国社会心理学家进行的调查)中,日本在178个国家中名列第90位。从这两项数据看,日本的幸福度着实算不上高。

我一贯认为,除了关注有经济价值的事物,我们应该努力探寻有其他价值的东西,并将其作为"幸福的源泉"。

早在从政之前,我就产生了这样的想法,所以我在竞选时喊出了"县民幸福总值最大化"的口号。我想要改变熊本县民的价值观,提高大家对"品格""荣誉""梦想"和"安全安心"的关注。

然而,传统的行政系统讲究的是"指导、限制、管理和延续",不允许个性的存在。在这种状态下,绝不可能从根本上实现价值观的转变。我们必须先完成行政的范式转换(社会规范与价值观的改变),打造出不向先例看齐,勇于挑战,富有个性的行政系统。

我们的最终目标,是实现"县民幸福总值的最大化"。那我们究竟应该如何提升幸福总值呢?下面列出的基本方程式,就是我得出的结论:

$$y=f(E,P,S,H)$$

y 代表的是县民幸福总值。

f 意味着 y 与 E、P、S、H 相关(存在函数关系)。

E 是经济的发达程度(Economy),P 是自豪感(Pride),S 是安全安心(Security),H 是梦想与希望(Hope)。

当然,组成幸福总值的元素有成百上千种,但我认为这四种最为重要。这四个变量越大,县民幸福总值就越高。

通过政策实现幸福总值的提升,就是县民们赋予我的使命。

酷 MA 萌就是使幸福总值最大化的催化剂

很多人抱有这样一个疑问:为什么熊本县厅这么重视酷 MA 萌,还要投入这么多精力去宣传它呢?因为酷 MA 萌是公务员,是我们熊本县厅的职员。它已经不是普普通通的吉祥物了。

我们之所以看重酷 MA 萌,正是因为它代表了一系列促进县民幸福总值最大化的政策。

如今，为了一睹酷 MA 萌的英姿特意来到熊本的游客络绎不绝。各类酷 MA 萌周边产品以及用熊本特产做成的酷 MA 萌食品也卖得风生水起，为熊本带来了大量的收入。换言之，酷 MA 萌为熊本县的经济（E）做出了贡献。

与此同时，酷 MA 萌也大大提升了熊本县民的自豪感（P）。熊本因酷 MA 萌受到了全国的瞩目，而熊本人则通过酷 MA 萌重新发现了故乡的魅力，自豪感油然而生。

酷 MA 萌会频频造访福利机构，为大家送去欢乐，帮助县厅营造一个人人都能安居乐业、安度晚年的好环境，这就显著提高了代表安心安全的 S 值。它还会在幼儿园和托儿所露面，和孩子们亲密接触。孩子们的 H 值自然会直线上升。

最重要的是，酷 MA 萌不仅对幸福总值的四大要素有间接贡献，更能发挥出直接提升幸福总值的作用，因为它自己就很可爱呀！所以我们的酷 MA 萌就是让熊本县民的幸福总值最大化的催化剂。

因此在我看来，把纳税人的钱花在酷 MA 萌身上，无异于在性价比极高的公共事业上投资。

法国作家安托万·德·圣·埃克苏佩里的著作《小王子》中有这样一句名言："真正重要的东西是肉眼无法看见的。"

造一些看得见摸得着的设施或公路，或许也能在某种程度上拉动 E 和 S，但 P 与 H 不会受到影响。我们虽然能看见酷 MA 萌，但它为我们带来的梦想、希望与欢乐都是"肉眼无法看见的"。从这个角度看,酷MA萌还能为熊本县民树立起这种全新的价值观呢。

生搬硬套十年前制定的政策,是全然不顾县民幸福总值的愚蠢行为。近年来,地方政府的预算都很紧张。面对严酷的大环境,我们更应该将有限的预算用在"提升县民的幸福感"上。

酷MA萌就是行政范式转换的象征。

其他县也有大力实施改革,努力推行新政的知事。问题是,这样能干的知事一旦卸任,县政往往就会故态复萌。但熊本县不存在这个问题——就算我不在了,熊本还有酷MA萌呢。

熊本县在2014年初成立了一个新部门,名叫"幸福部"。酷MA萌光荣就任幸福部的部长。两个部门的部长由同一个人(熊)担任——这在熊本县厅尚属首次。我们的酷MA萌真是平步青云呀!

幸福部长的职责,就是"实现县民幸福总值的最大化"。

营业部长需要去县外(甚至是国外)宣传熊本的魅力。酷MA萌的确在全国打响了知名度,但是我们总觉得它和熊本县民的距离不如以前那么近了。于是我们决定,让酷MA萌回归原点,成为"熊本幸福的象征",在新的舞台上大展拳脚。

我们在Facebook开设了"熊本幸福部"的官方页面,通过网络征集大家在日常生活中品尝到的小幸福。与此同时,县厅还举办了一项名叫"笑容设计大赛"的活动,向公众征集能让县民面露微笑的活动企划案。我们希望通过酷MA萌的各类活动（比如为当地老人送蛋糕），为县民们带去更多的小惊喜与小幸福。

寻找第二个酷MA萌

最近我时常让职员们去发掘"第二个酷MA萌"。

当然，我不是让他们再设计一个跟酷MA萌差不多的吉祥物，而是希望大家能开动脑筋，构思使县民幸福总值最大化的政策。

之前介绍过的方程式，也是我向大家反复强调的思路。

经济的发达程度、自豪感、安全安心、梦想与希望——只有涵盖了这四个要素的政策，才能实现我们的目标。

申报"全球重要农业文化遗产"，就是一个一举四得的金点子。

成为农业文化遗产后，会有大量游客来到熊本，品尝熊本的农产品。而这些农产品也能树立起自己的品牌，有效拉动本地的经济。名气响了，县民的自豪感定会显著提升。

而且阿苏的农产品都是生产者用最安全的方法培育出的精品。说不定有朝一日，阿苏还能被收入世界文化遗产名录……这就为县民带来了莫大的希望。

我们正在推行的"县民发电站构想"，也是一项有助于提升县民幸福总值的政策。

这个构想是怎么来的呢？

熊本县曾试图将太阳能发电产业培养成县的支柱产业之一，力争成为全日本住宅太阳能发电板普及率最高的地区。为此，县厅采取了种种措施，鼓励县内的企业与家庭引进太阳能发电板。

正因为熊本有这样的政策基础，县厅于2010年10月制定了推进新能源与节能减排的"熊本县综合能源计划"。这样的计划在全国尚属首例。其目标为"全县上下一心，通过引进新能源，强化节能措施，实现县内家庭用电自给自足（相当于每年节省100万公升的原油）"。

此外，县厅还选定了四十八个地点（截至2014年2月3日），用于建设大规模太阳能发电站。

然而，大规模太阳能发电站的运营方以县外的企业居多，因此售电收入不会留在熊本县内。而且引进新能源会拉高电费，所以熊本县的家庭与企业的电费支出也有所上升（这是制度的调整带来的必然结果）。

有没有办法让县民与县内的企业也享受到一定的恩惠呢？2013年10月，我们提出了"县民发电站"构想，旨在建设"由县民投资，为县民服务的发电站"。

给大家介绍一下县民发电站的具体思路吧。

首先，县民发电站必须由熊本县内的企业运营发电。县民可以向发电站投资或捐款。如此一来，就能把售电收入固定在县内,有效拉动本地经济。而县民能通过这一渠道参与到清洁能源的生产环节,这就孕育出了自豪感。清洁能源能打造出安全安心的环境。通过新能源实现"绿色熊本",就是我们的希望与梦想。

县内的电力公司有了源源不断的售电收入,县民们就能享受到相应的分红。大家对能源问题的关注也会有质的提升。不仅如此——我们还会请电力公司拿出一部分收益,用于促进地区经济发展的举措。换言之,县民发电站构想是一项全民参与型的政策,它充分利用了丰富的地区资源,在创造清洁能源、造福社会的同时,还能将其成果与激活地区经济这一目标挂钩。我们完全可以通过这一构想提升县民幸福总值。

县民发电站和酷MA萌一样,是促使幸福总值最大化的催化剂。

要是县厅能不断推出让县民欢欣雀跃的政策,那么熊本的未来就一定会是一片光明。

如何提升县民的幸福值

在针对"县民幸福总值"的问卷调查中,我们提出了这样一个问题:"你觉得你现在幸福吗?"

幸福是一个很抽象的概念,它的定义也是因人而异的。要实现"县民幸福总值最大化",就需要了解"县民们现在有多幸福",以及"什么事能让县民感到幸福"。所以自2011年起,我们每年都会对县民进行一次关于"幸福"的问卷调查。

回答问卷的是我们随机抽取的3500名熊本县常住居民(年满20岁),有男有女(每年的人数有所不同)。

大家是如何回答本节开头的那个问题的呢?在2011年度,回答"幸福"的人占了81.3%,2012年度为73.4%,2013年度为74.5%。为什么2011年的"幸福率"会这么高呢?这也许是因为九州新干线就是在那一年全线开通的,要么就是因为酷MA萌的认知度直线上升,使熊本受到了全国的瞩目。有七八成县民觉得自己很幸福——我觉得这个数字还是相当可观的。

我们还针对方程式中的四个变量进行了调查,制定了能将县民的幸福值"可视化"的指标。

假设幸福的总分为10分,那么这四个变量分别占多少分呢?我们对变量所占的"比重(权重、贡献度)"进行了分析。

2013年度的调查结果显示:"希望与梦想"的平均比重为2.72,"自豪感"为2.01,"经济稳定"为2.75,"没有后顾之忧"为2.52。虽然"经济稳定"的比重稍高一些,但没有到一枝独秀的程度,四个变量的权重分布还是比较平均的。

我们还以地区为单位,进行了分类统计。

每个地区都有不同的权重分布特征。好比阿苏地区,就是"自豪感"比较高,因为那里有丰富的自然资源。"经济稳定"的比重则相应低一些。毕竟阿苏是享誉世界的农业文化遗产,从这项调查数据也能看出,自然环境就是当地居民的骄傲。

有了调查结果,我们就能做到有的放矢,推出更有针对性的政策。比如,如果某个区域的居民缺乏"希望与梦想",那我们就会制定相应的政策,提升该地区的 H 值。

这项调查对县厅和县民都能产生积极影响:县厅能充分了解县民对幸福的各种定义,而县民也能意识到幸福的形式是多种多样的,采取积极主动的行动,以提升自己的幸福值。

"让每一位县民都能切身感觉到幸福,在自己最熟悉的熊本,过上有梦想、有希望、充满骄傲与自豪的生活"——这就是我要实现的大目标。不断冲击这个目标,就能有效提升县民幸福总值。

如果我制定的政策不对头,调查得出的幸福率就会下降。从这个角度看,调查结果就是知事的成绩单。

我们今后也会继续开展这项调查,以"能否提升县民的幸福值"为判断标准,构思出最合适的政策。

保护文化与历史,也是为了让县民更幸福

熊本县民是如何定义"幸福"的呢?在我看来,保护好熊本的文化与历史,并将其代代相承,就是有效提升县民幸福度的手段。

在我就任知事之前，熊本市就制订了建设城市公路的计划。

当县厅开始收购土地的时候，一座叫禅定寺的寺院强烈要求县厅调整建设计划。因为在计划中，公路会穿过寺院的一部分。

作为日本三大名城之一的熊本城，出自加藤清正之手。

清正出生在尾张①，27岁那年成了肥后的领主，来到了熊本。他大力治水，开垦农田，还和欧洲人通商。在他的统治下，肥后实现了飞速的发展，所以现在的熊本人依然很尊敬清正，将他尊称为"清正公"。

细川家也和熊本的历史有着密不可分的联系。加藤清正去世后，其子因改易②离开了熊本，细川家成了熊本的统治者。众所周知，日本前首相细川护熙就是这个细川家的后代。

实不相瞒，清正与细川家的家臣们，有不少就葬在禅定寺。

县厅成立了一个由学术专家组成的调查分析委员会。通过讨论，委员会得出了一个结论："这是非常宝贵的历史资料，在全国都极为罕见，我们应该将其视为县民的共有财产，加大保护力度。"

早在上任之初，我就意识到，要提升熊本县民的幸福值，就必须把沉淀了四百余年的历史文化保护好。所以我毫不犹豫地修改了建设计划，绕开了禅定寺。

---

①位于今天的爱知县西部。
②改易是江户时代对武士的一种惩罚，比切腹轻，比蛰居重。受改易惩罚者，免去武士的称号降为平民，并没收其领地、房产和家禄。

这是一个史无前例的决定,把县厅的土木部吓得不轻。换做以前,县厅绝不会更改国家已经批准的计划。

"日本从没有过这种事啊……"职员们都懵了。

最终,公路为禅定寺的古迹让了道。

日本在经济高速发展期和泡沫经济时期破坏了大量的古建筑。而日本的历史与文化,也随着这些古建筑随风而逝了。

颠覆县厅的常识又如何?保护文化与历史是我们不可推卸的责任。更何况,留下这些古迹也能提升未来的熊本县民的幸福值。

很多政策明眼人一看就能看出问题来,可你一旦置身于县厅,就身不由己了。

要打破这种墨守陈规的县厅文化,领导的魄力必不可少。知事若能带头颠覆公务员的常识,职员们自然也会产生变化。所以当知事的必须以身作则。在调整公路建设计划这件事上,我将"文化"摆在了比"延续计划"和"效率"更重要的位置上,在职员面前树立起了新的价值观。

让人们重新认识到工作的乐趣

上任后没多久,我便向农林水产部提议,要消灭熊本的休耕田和弃耕田。日本的畜牧业非常依赖外国进口的饲料。而饲料的价格会剧烈波动，还会受到汇率的影响，搞得生产者们苦不堪言。可是熊本县有大量的休耕田和弃耕田，我们完全可以把这些土地利用起来，种植大米和玉米当饲料啊！当时的大环境也需要我们采取这方面的举措：2007年，进口玉米的价格一路飞涨。截至2013年，熊本的畜牧户减少了一成多。

谁知职员回答我说："知事，那些农田之所以会变成弃耕田，就是因为'不种'比'种'合算啊。那些休耕田也是减反①政策的结果，我们一点办法也没有啊。"

职员会这么说也是在所难免，毕竟休耕田和弃耕田是日本农业的老大难问题。

在上世纪60年代，国内的大米产量逐年增加，出现了供大于求的现象。大量的大米堆在仓库里无处可去。于是政府就在70年代推出了"减反政策"，防止米价下跌。响应政府号召进行减产的农户能拿到相应的补贴。

这项政策虽然托住了米价，却也削弱了农户的生产力与竞争力，间接导致了日本农村的衰落。大家都觉得粮食自给率太低是日本的一大问题，政府却没有进行大规模的改革，休耕田和弃耕田随处可见。

我年轻时也从事过农业工作，一看到被荒废的农田，心中就会隐隐作痛。

---

①指控制耕地面积。

不耕田也有钱拿——这样的生活真的幸福吗？

世上也有人成天窝在家里，盯着电脑屏幕，玩金钱游戏赚钱。当然，价值观是因人而异的，但让你就这样过几十年，你真的受得了吗？能带来快乐与幸福的并不是金钱本身。通过工作为社会做贡献，并获得相应的金钱报酬，才能让我们品尝到莫大的幸福。而减反政策剥夺了人们享受这种幸福的机会，是时候做出改变了。

绿油油的稻田一眼望不到头——我想让这样的夏日风光重新出现在熊本，将休耕田和弃耕田一扫而空。

休耕田是国家政策的产物。采取与国家政策相悖的举措，在县厅尚无前例。

然而，我们不能再听任中央政府的摆布了。熊本的问题，必须由我们熊本人来解决。

首先，为了鼓励农户响应我们的政策，我们独立创设了补助基金。农户们种出来的大米自然也不能浪费。当时，媒体对米粉的关注度日益高涨，于是我们就决定：不直接吃这些大米，而是把它们加工成米粉或饲料。县厅还大力支持企业研发用米粉制作的新产品，并鼓励学校将米粉面包引进免费午餐。

就算把大米做成饲料，要是没有足够的牲口去消费，到头来资源还是会被浪费掉。于是我们启动了"F88项目"，用最低的成本生产饲料米，销往家畜数量较多的地区，提供给当地的畜牧户。

虽然这样还不足以确保农户的收入能多于支出，但这个活动能有效提升大家的自给自足意识，这就是它的意义所在。

另外，我们还把弃耕地改造成了农业体验园，让中小学生与农业来一个亲密接触。在荒地里种植油菜花和紫云英，重塑美丽的农村景观，也是一个备受好评的项目。

从"不劳而获"，到"劳有所得"。这才是农户的正常状态。如果农户们都能重新认识到栽培农作物的乐趣，熊本的农业定会更上一层楼。

响应我们的农户逐年递增。在短短五年时间里，1250公顷的弃耕地重现生机。

我认为，只要我们继续推进这个项目，就一定能引起中央政府的注意。也许要不了多久，国家就会跟进了。

日本签署TPP（跨太平洋伙伴关系协定）后，廉价的外国农作物极有可能涌入日本。所以我提前在熊本县开展了农业用地的集成工作，以便将农户们团结起来，进行大批量的生产，提升产量，增强熊本农户的竞争力。

我还成立了"农地集成推进本部"，并亲自担任本部长，号召县民："把农地借给我！"熊本县政府、农协与农业委员会还联合创建了一套独立的补助金制度，用于支持开展农地集成工作的村落。

熊本县的农户也面临着严峻的老龄化问题，所以我们必须将农业用地集中起来，为年轻人创造一个更容易投身农业的环境,让下一代挑起熊本农业的大梁。

我们的努力收获了喜人的成果。

2012年度集成的农业用地多达1780公顷,同比增长三成(此前的年份基本都在1300公顷左右浮动)。刚推出这项举措的时候,农林水产部的态度还是比较谨慎的,可是现在呢?他们成了最有斗志的集成先锋。

只要鼓起勇气,不照搬前例,从力所能及的地方开始改革,再顽固的组织都能改头换面。一旦进入"不怕变化,就怕变不了"的状态,这个组织就一定能不断进化。

为满足基层的强烈要求,大胆挑战难题

熊本县厅一开会,气氛总是热烈非凡。

尤其是有年轻职员参加的会议,提案一个接一个,你方唱罢我登场。

在第一个任期快结束的时候,公共参与推进室(当时的名称)的负责人向我提议道:"知事,我们得建一座'最终处理场'啊!"

所谓"最终处理场",就是填埋处理工业垃圾的设施。无法回收利用的工业垃圾只能用这种方法处理。

当时熊本县内已经有两座最终处理场了,而且与其他地区相比,熊本的垃圾总量正在不断下降。

所以我没有同意："还是再观望一下吧。"毕竟我刚取消了川边川水坝的建设计划，又把荒濑大坝给拆了，连着做了好几个大决定，所以我暂时不想碰会引起轩然大波的问题。

早在我就任之前，县厅就选定了新处理场的建设地点——南关町。

然而，当地居民的反对呼声实在很高。

见我面露难色，负责人就没有多说什么。

但是他和部门的同事们经过反复讨论，还是觉得最终处理场是有必要的，于是负责人又跟我提了一次。

县厅的职员们明知道当地居民非常反对这件事，却还是不肯放弃，可见这真的是一个无法回避的问题。

负责人对我慷慨陈词道："再这么等下去，垃圾就没地方扔了，到时候恐怕会有更多企业非法倾倒工业垃圾。现在我们有很多垃圾都是送到县外去处理的，于情于理都说不过去，自己的垃圾还是自己来处理最好。为了熊本的未来，我们也需要新的最终处理场啊！"

于是我便痛下决心："如果最终处理场的必要性真的这么高，那就在我当知事的时候造了吧。不过既然要造，就一定要造好。我会带头去当地给居民做思想工作的。"

我来到南关町一看……果不其然，反对运动开展得如火如荼。在说明会上，反对派的居民们大声吼道："凭什么非得造在我们这儿啊""地下水会被污染的"……

我用心倾听了大家的意见,向大家做出了庄严的承诺:"县政府一定会负责到底!"

送进最终处理场的垃圾都很难分解。填埋之后,至少要三十到四十年,垃圾的性质才会稳定下来。这四十年就不用说了,四十年过后,县政府也要继续为这座设施负责。

我们必须想办法消除当地居民的担忧,同时防止垃圾污染环境。

怎么办呢?我们决定加大初期投资,将设施从原计划的"开放型(放流型)"改为"封闭型(无放流型)"。

开放型最终处理场不设屋顶,雨水会直接淋在填埋处。如果雨量较大,雨水就有可能带着有害物质流出来。这些被污染的水甚至可能流入河川,污染河水。难怪当地居民会如此担心。

而封闭型最终处理场有墙壁与屋顶,能将垃圾与外界的空气和雨水分隔开。屋顶下装有喷淋器,可进行人工喷洒。接触到垃圾的污水会被送入污水处理器,净化后再输送回喷淋器循环使用。虽说封闭型也不是百分百保险,但它至少能最大程度地保障设施的安全性。

最终,南关町和隔壁的和水町的两位町长接受了建设方案。经过与居民的反复沟通,大规模的抗议活动再也没有出现过。如今,工程正在有条不紊地进行中。

我本可以把这个难题留给下一任知事,但职员的一片热忱打动了我,在背后推了我一把。

我为什么会被职员打动呢？因为他的一字一句，都是从"为熊本县民谋幸福"这个念头出发的。正因为最终处理场是个难题，才更应该尽早解决，拖得越久，就会有越多的人牵扯其中，争得不可开交。现在拿出一个结论来，无论是对当地居民，还是对熊本的未来，都是有百利而无一害。

回避冲突，就意味着驻足不前。

领导绝不能胆小怕事，而是应当冲在最前头，为大家开路。有了路，幸福值的上升就指日可待了。

处理水俣病问题

一听到"熊本"，一定会有不少人立刻联想到"水俣病"。

各位读者肯定也在课上学习过关于水俣病的内容。

日本氮肥公司在水俣投资建设了工厂，而工厂排入大海的污水中含有大量的有机汞。海洋生物先被污染，然后周边的居民又食用了这些被污染的海产品，接连出现全身麻木、无法站立行走、失去语言能力等症状。在痛苦中死去的患者不计其数。

五十多年前，政府正式确认了水俣病的存在。这么多年过去了，很多日本人都觉得水俣病已成历史。殊不知，距离问题的彻底解决还有很长一段路要走。

我希望在自己的任期内找出一个头绪来。

患者们年事已高,许多人没盼到一个结果就与世长辞了。早在1956年,政府就正式确认了水俣病的存在,但是在十二年后,水俣病才被认定为"公害"。氮肥公司眼睁睁看着居民们接连去世,却没有采取任何行动,继续排放有毒的污水。无论是中央政府还是熊本县,都拿它毫无办法。

有机汞是在生产乙醛的过程中产生的,而乙醛是塑料的原料。塑料对国家的经济发展至关重要,再加上氮肥公司对当地的经济做出了巨大的贡献,当地居民免不了会偏袒工厂。为患者说话的人少之又少,还有人误传水俣病有传染性,导致患者备受歧视,有患者的家庭也遭到了残忍的迫害。

其实熊本大学的专家在问题爆发之初便指出,致病物质就是有机汞。然而,也有研究结果认为其他物质才是罪魁祸首,所以当时的通商产业省无法贸然将水俣病归咎于氮肥公司排放的污水。在研究结果公布的九年后,政府才承认,有机汞就是病因。

人们就水俣病问题开展了大规模的诉讼与赔偿谈判。由于受害者年事已高,大家殷切希望有关部门能在自己去世前进行赔偿。

为了打破僵局,政府在1995年给出了一项政治层面的解决方案:有某些特定症状的患者能领到260万日元的抚恤金,外加相应的医疗费。一万多名患者得到了救助,诉讼也被纷纷撤回,乍看之下,水俣病问题已经逐渐平息了。

然而在2004年10月,最高法院判决中央政府与熊本县对水俣病的扩散负有不可推卸的责任。自那时起,根据《公健法(公害健康受害补偿法)》申请认定的人急剧增加,更有人向氮肥公司、中央政府与熊本县提起了新的损失赔偿诉讼。要求补偿与救助的呼声越来越高,人们不得不再次摸索政治层面的解决方案。

我就是在这样一个关键时期就任了熊本县的知事。

那时,执政党已经在国会组织了一支项目小队,探讨《特措法(关于水俣病被害者的救济与水俣病问题的解决的特别措施法)》的相关事宜。该法案与1995年的政治解决方案一样,只要在官方检查中查出一定的症状,就会被认定为"水俣病被害者",领到210万日元的抚恤金,并享受其他救济政策。我也认为国会应当尽快批准这项法案。

我在民主党也有不少朋友(当时民主党还没有实现政权交替),所以我就托他们帮忙疏通,争取让法案早日成立。

我见过不少水俣病患者,也见过氮肥公司的会长,要求他们接受政府的救济方案。长久以来,熊本县为氮肥公司提供了各种形式的财政支持,但这一次我们的态度非常强硬,如果公司不予配合,我们宁可取消发行县债的计划。不发行县债,自然就没有足够的资金支持公司了。在我们的强烈要求下,氮肥公司终于表示,"会积极配合政府解决问题"。

2009年7月,《特措法》在多党派的共同努力下宣告成立。

在两年多的时间里,共有6万5千人根据法案的规定,向熊本、鹿儿岛与新潟提交了救济申请。

目前我们仍处于审核申请人的阶段。看到那么多人为水俣病所苦,我深感心痛。

水俣病问题还没有落幕。与水俣病有关的诉讼仍在审理过程中。如何判定一个人是不是水俣病患者也是个大难题。

不过,再大的困难也不会挡住我们的脚步。我坚信,只要能找到解决问题的突破口,等待着我们的就是一个幸福快乐的熊本。我与县厅的职员们正在为此不懈努力。

是追求全社会的幸福,还是追求个人的幸福

功利主义是一个伦理学概念。

它并不是"一味追求利益"的意思。它是一种行为的目的、义务与正邪的判断标准皆从"最大多数市民的最大幸福"出发的伦理、法律与政治立场。

我想通过"增加幸福值"来实现"最大多数县民的最大幸福"。

然而,功利主义也有一定的局限性。如果为了99.9%的民众的幸福,让0.1%的人深陷不幸,那我们就很难衡量不幸与幸福孰轻孰重了。

那县厅究竟该站在哪一边呢?这是一个让人头疼的问题。

不过我认为，从政者就该多为弱势群体着想，就应该想方设法让他们变得更幸福。

因为强势群体可以靠自己的力量过上幸福快乐的生活，只有弱势群体才需要外力的帮助。

为此，熊本县创设了"低保家庭升学梦助学贷款"与"熊本县圆梦升学补贴"制度。

这两项制度旨在帮助低保家庭的孩子进入高等学府接受教育。

近年来，家庭的贫富差距对下一代的受教育程度产生了不容忽视的影响，这个问题已经引起了社会的广泛关注。家境好的孩子从小就被送入私立学校学习，放学后还要去补习班加餐。他们接受的是第一流的教育，考进一流大学、进一流企业工作的概率自然高。

当然，穷人家的孩子也能靠自己的努力拿到奖学金，抓住改变命运的机会。然而，这样的人毕竟是少数。大多数低保家庭的孩子都会在高中毕业后就业。

我小时候基本没有认真上过学，高中一毕业就开始工作了。但我后来在美国的大学拿了学位，回到日本之后又当了教授。这些经历让我深刻体会到了学问的重要性。踏上社会时，受过高等教育的孩子会有更多的选择。我们绝不能让贫穷扼杀他们的美好未来。

为了让教育斩断贫困的恶性循环，我们创立了上述助学制度。而且熊本县立大学每年都会为低保家庭的学生留出两个推荐名额。虽然这么做有悖于竞争原理，但我觉得以幸福总值最大化为目标的政策就是靠一点一滴的努力实现的。

截至现在，已有四十多名学生利用这项制度踏入了大学的校园。他们若能成为熊本的顶梁柱，那就是熊本之幸。让幸福循环起来，越滚越多，才能打造出一个理想的熊本。

副知事日记⑥

维持精神层面的自由

蒲岛知事成功连任的两个月后……他突然对我说:"我想让你当熊本县的副知事。"

副知事一般都是从中央省厅的外派人员和部长级的县厅职员中选出来的。据说县议会也有人提出了反对和担忧。也难怪啊,让一个只有38岁的"外人"当副知事,那可真是史无前例的事。最终,议会批准了知事任命的人选,我就这么成了熊本县的副知事。

如今,我基本不会和蒲岛知事同进同出。就任前,我是灵活机动的自由人,能从各方面帮知事完成工作。而现在我常以知事代理人的身份出席各种场合。我能大概猜出蒲岛知事的想法,所以他把工作交待下来之后,我就会自己负起责任来,自己做决定。

我怎么就成了知事肚子里的蛔虫呢?这恐怕是因为我的想法本就和"蒲岛主义"比较接近吧。要么就是我在不知不觉中受到了知事的影响。而且这种影响不仅体现在工作方式上,更体现在生活的方方面面。

蒲岛知事常把"精神层面的自由"挂在嘴边。他本人的人生轨迹也的确很自由,几乎没有任何计划性。在这方面,我跟他还真的有点像。在人生的重大关头,我也会凭直觉做选择。在工作上,我也会凭直觉做决策。

如果人人都一心求稳,那这个世界会变成什么样子呢?唯恐失去自己的地位和工作,不敢挑战真正想做的事,也不敢朝理想发起冲击——这就叫"失去了精神层面的自由"。如果到处都是这样的人,那社会就会停滞不前,难以打开局面。

近年来,有越来越多的人在追求稳定的生活与按部就班的人生。大家都觉得公务员就是铁饭碗,可我总觉得,世界上根本就没有真正的"稳定"。

也许你觉得自己脚下的这艘船永远都不会沉,可时局是在不断变化的,天知道几年后这艘船会变成什么样子。好容易从一艘沉船跳去了另一艘船吧,也没人能保证这艘新船能永远行驶在风平浪静的航路上。

到头来,我们还是需要维持精神层面的自由,准确洞察时代的潮流,灵活应对社会的变化。

我今后也会继续走自己的路,为了将熊本县打造成"全日本幸福感最强的地方",全力以赴支持蒲岛知事。

蒲岛说:我想让你当熊本县的副知事

图书在版编目（CIP）数据

酷MA萌与我／（日）蒲岛郁夫著；曹逸冰译．－海口：南海出版公司，2017.10
ISBN 978-7-5442-9024-1

Ⅰ.①酷… Ⅱ.①蒲… ②曹… Ⅲ.①蒲岛郁夫—自传 Ⅳ.① K833.137=5

中国版本图书馆CIP数据核字（2017）第103650号

著作权合同登记号　图字：30-2017-064

WATASHI GA KUMAMON NO JOSHI DESU – YURUKYARA O EIGYO BUCHO NI BATTEKI SHITA "SARA O WARE" SEISHIN
by Ikuo Kabashima
Copyright © 2014 Ikuo Kabashima
All rights reserved.
Originally published in Japan by SHODENSHA PUBLISHING CO., LTD., Tokyo.
Chinese (in simplified character only) translation rights arranged with
SHODENSHA PUBLISHING CO., LTD., Japan
through THE SAKAI AGENCY and BARDON-CHINESE MEDIA AGENCY.
书籍一部分收入会赠予酷MA萌的活动费用

酷MA萌与我

〔日〕蒲岛郁夫　著
曹逸冰　译

出　　版	南海出版公司　（0898）66568511
	海口市海秀中路51号星华大厦五楼　邮编570206
发　　行	新经典发行有限公司
	电话 (010)68423599　邮箱 editor@readinglife.com
经　　销	新华书店
责任编辑	黄宁群
特邀编辑	李佳婕　刘文茵
装帧设计	魔都鼠兔
内文制作	田晓波
印　　刷	保定市中画美凯印刷有限公司
开　　本	850毫米×1168毫米　1/32
印　　张	6.75
字　　数	120千
版　　次	2017年10月第1版
印　　次	2017年10月第1次印刷
书　　号	ISBN 978-7-5442-9024-1
定　　价	37.00元

版权所有，侵权必究
如有印装质量问题，请发邮件至 zhiliang@readinglife.com